AI생활,
매순간이 달라진다

AI생활, 매순간이 달라진다

김경진의 AI생활 레시피

인문공간

AI로 더 편리한 일상생활

AI(인공지능), 어렵고 복잡한 것-NO
질문방식 중심의 인공지능 교육-NO

인류 역사상 매우 특별한 시대가 열렸습니다. 누구나 세계 최고 수준 전문가들에게 질문하고 답변을 얻을 수 있는 시대가 된 것입니다. Chat GPT와 같은 생성형 인공지능(AI)은 마치 서울대학교 교수 2,300명을 자신만의 정보 비서로 두는 것 혹은 '지식의 신(神)'을 내 집사로 부리는 것을 가능하게 해 줍니다.

이러한 인공지능의 놀라운 능력을 저자는 우연한 기회에 발견하게 되었습니다. 2024년 4월 국회의원 선거 낙선 이후 마음을 정리하기 위해 떠난 해외 배낭여행에서의 일입니다. 처음에는 평소처럼 구글 번역기를 사용하며 여행하고 있었습니다. 그러다 문득 제 휴대전화에 설치해 두었던 Chat GPT 앱이 떠올라 곧장 활용해 보기로 했습니다. 그 순간부터 저자의 여행은 놀라움으로 가득한 완전히 다른 차원으로 바뀌었습니다. 데이터 통신만 가능하면 어떤 어려움도 해결하고, 모든 정보를 해독할 수 있었습니다.

인도 바라나시(Varanasi)를 방문했을 때의 일입니다. 평소 같았다면 간단한 여행 안내서나 인터넷 검색으로 기본적인 정보만 얻었을 것입니다. 하지만 인공지능은 제가 찍은 현지 사진만으로도 특정 장소나 유물의 역사부터 건축 양식, 문화적 의미까지 상세히 안내해 주었습니다. 심지어 같은 시기에 지어진 다른 나라의 건축물과 비교하며 설명까지 해 주어 더욱 깊이 있는 이해가 가능했습니다. 다른 경험도 있었습니다. 인도의 거리에서 살인범 현상수배 포스터처럼 보이는 게시물을 발견했을 때입니다. 호기심과 불안한 마음에 인공지능에게 번역을 요청했더니, 알고 보니 그것은 집을 나간 아들을 찾는 안타까운 부모의 호소문이었습니다. 이처럼 인공지능은 단순한 번역을 넘어 오해를 바로잡아 주는 든든한 여행 동반자가 되었습니다.

헝가리 바츠(Vác)의 오래된 성당에서는 더욱 놀라운 경험을 했습니다. 성당 지붕에 새겨진 오래된 라틴어 문구를 인공지능에게 보여주었더니, 그 문구의 의미를 해석해 줄 뿐만 아니라, 이 문구가 새겨진 시대의 역사적 배경과 당시 사람들의 생각까지 안내했습니다. 마치 타임머신을 타고 과거로 여행을 간 것 같은 신비로운 경험이었지요.

인공지능의 활용은 여행에만 국한되지 않습니다. 일상생활의 모든 영역에서 우리의 든든한 조력자가 될 수 있습니다. 예를 들어 학생들은 어려운 수학 문제의 풀이 과정을 단계별로 설명받고, 영어 작문을 교정받을 수 있습니다. 직장에서는 업무 관련 자료를 빠르게 요약하거나 보고서 작성에 도움을 받을 수 있습니다. 이뿐만 아니라 요리 레시피부터 집안일 팁까지 다양한 생활 정보를 얻는 것도 가능합니다.

특히 어르신들에게 인공지능은 더욱 유용한 도구가 될 것입니다. 복잡한 의료 정보를 쉽고 빠르게 얻고, 건강 관리에 대한 조언을 받을 수 있습니다. 엑셀 사용법이나 새로운 기술에 대해서도 쉽게 이해할 수 있도록 도와줍니다. 무엇보다 외로운 시간에 음성 대화 상대가 되어줄 수도 있습니다.

하지만 아직도 많은 사람들이 AI(Artificial Intelligence, 인공지능)을 어렵고 복잡한 것으로 생각합니다. 컴퓨터를 전공한 사람이나 IT 회사에 다니는 사람들만 사용할 수 있는 매우 전문적인 것으로만 여기는 경우가 많습니다. 이는 현재의 인공지능 교육이 너무 기술적인 내용 위주로 이루어지고 있기 때문입니다. 인공지능이 일상생활의 저변 모든 곳에 사용될 수 있다는 것을 강조하지 않은 채, 인공지능과 소통을 위한 방법론이 프롬프트*를 잘 주는 교육, 즉 질문을 잘 하는 법을 가르치는 것에 치중해 있기 때문입니다.

심지어 평소 가족이나 친구에게 하듯 던지는 질문으로도 충분하고, 특별한 명령어나 복잡한 설정 없이도, 일상적인 대화 문처럼 쉽게 인공지능을 활용할 수 있다는 사실을 많은 사람이

---

*   컴퓨터 시스템이 어떤 조작을 행해야 하는지 지시하기 위한 메시지나 질문. 생성형 AI 프로그램의 경우, 이용자가 입력하는 질문 등을 뜻함.

모르거나 낯설어 합니다. 외국인을 대하듯 막연한 두려움도 갖습니다.

앞으로 인공지능은 더욱 똑똑해지고 사용하기 쉬워질 것입니다. 마치 스마트폰이 우리 생활의 필수품이 된 것처럼, 인공지능 역시 없어서는 안 될 생활의 동반자가 될 터입니다. 더 정확한 정보 제공은 물론, 개인의 상황과 필요에 맞는 맞춤형 도움을 제공하기에 가능한 일입니다.

그리스 신화에서 프로메테우스가 인간에게 불을 전한 것처럼, 인공지능은 우리 모두에게 새로운 가능성의 불꽃을 선사하고 있습니다. 이제 우리에게 필요한 것은 이 도구를 두려워하거나 어렵게 생각하지 않고, 일상의 자연스러운 동반자로 받아들이는 자세입니다. 인공지능은 더 이상 먼 미래의 기술이 아닌, 지금 여기에서 우리의 삶을 더욱 풍요롭게 만들어 주는 친근한 도우미가 되어가고 있습니다. 그 시간을 앞당기기 위하여 이 책을 만들었습니다.

2024년 11월 24일
김경진

목차

AI로 변화하는 일상

오늘날 우리 주변에서는 인공지능(Artificial Intelligence), 줄여서 AI라고 부르는 새로운 기술이 조용히 자리잡아 가고 있습니다. 처음에는 낯설게만 느껴졌던 이 기술이 이제는 우리의 일상생활에서 자연스럽게 도움을 주는 친근한 존재가 되어 갑니다.

교육 분야에서는 더욱 큰 변화가 일어나고 있습니다. AI는 각 학생의 학습 속도와 성향에 맞춰 개인별 맞춤 학습을 제공하며, 부족한 부분을 찾아내어 보충학습을 제안합니다. 어려운 과

AI로 변화하는 일상의 사례 이미지. "넌 먹기만 해. 건강은 내가 책임질게" 출처: _the나은9 easygpt.ai

학 개념도 실감나는 가상현실로 보여줌으로써 쉽게 이해할 수 있도록 해 줍니다. 숙제를 하다가 어려운 문제를 만났을 때도 AI는 친구처럼 차근차근 설명해 혼자서도 문제를 해결하도록 도와줍니다. 외국어 공부도 AI와 대화하면서 자연스럽게 이루어질 수 있게 되었습니다.

가사에서도 AI의 도움을 많이 받고 있습니다. 가전제품의 사용 안내를 받을 수도 있고, 저녁 식사 메뉴를 고민할 때 냉장고에 있는 재료들로 만들 수 있는 요리를 추천받기도 하며, 퇴근길에 막히는 도로를 피해 더 빠른 길을 안내받기도 합니다. 특히 요즘에는 주식 투자나 재테크에서도 AI의 도움을 받는데, AI가 경제 뉴스를 쉽게 설명하고 투자 위험도까지 분석하여 더 안전한 투자를 할 수 있게 되었습니다.

창작과 예술 분야에서도 AI는 든든한 도우미가 되어 주고 있습니다. 그림을 그릴 때는 다양한 스타일을 제안해 주고, 작곡할 때는 멜로디나 반주를 도와줍니다. 글쓰기에서도 AI는 좋은 문장을 제안하거나 이야기의 전개 방향을 제시하여 창작의 영감을 줍니다.

일상생활의 작은 부분에서도 AI는 유용하게 쓰이고 있습니다. 친구에게 보낼 긴 문자 메시지를 더 예쁘게 수정해 주고, 영어로 된 유튜브 영상도 우리말로 자동 번역해 줍니다. 사진을 찍으면 더 멋진 필터 효과를 추천하고, 방 안의 가구 배치를 바꿀 때도 새로운 인테리어 아이디어를 제안합니다. 심지어 강아지나 고양이가 아플 때는 증상을 입력하면 어떤 병원에 가봐야 할지도 조언해 줍니다.

학교 선생님들도 수업 자료를 준비하실 때 AI의 도움을 받습니다. 어려운 개념을 학생들이 이해하기 쉽게 설명하는 방법을 찾아주고, 재미있는 수업 활동도 제안해 줍니다. 덕분에 수업 시간이 더욱 흥미진진해졌습니다. 도서관에서는 AI가 내 취향에 맞는 책을 추천하고, 운동할 때는 나만의 맞춤 운동 계획도 세워 줍니다.

이렇게 AI는 우리 생활의 작은 부분부터 큰 부분까지 다양한 방식으로 도움을 주고 있습니다. 하지만 AI가 모든 것을 해결해 주는 것은 아닙니다. 우리가 직접 생각하고 판단하는 것이 더 중요합니다. AI는 그저 우리의 생각을 더 넓히고 일을 더 쉽게 할 수 있도록 돕는 좋은 도구일 뿐입니다. 미래에는 AI가 지금보다 더 똑똑해지고 우리 생활에 더 가까이 다가올 것 같습니다.

그럼 문제는 AI 시대에 어떻게 빨리 적응하고, AI 기술을 현명하게 활용하느냐 하는 점입니다. AI와 함께하면서도 우리만의 생각과 판단력을 키워 나가는 것, 그것이 바로 미래를 준비하는 지혜로운 자세가 아닐까요. 우선 간단하게 각 영역에서 인공지능이 바꾸는 일상을 개략적으로 살펴볼까요?

지식과 교육의 혁신

우리는 이제 궁금한 것이 생기면, 언제 어디서나 무엇이든지 인공지능에게 물어볼 수 있는 시대에 살고 있습니다. 마치 우리 곁에 모든 것을 알고 있는 친절한 선생님이 있는 것과 같습니다. 인공지능이 어떻게 우리의 배움을 도와주는지 자세히 살펴보겠습니다.

인공지능은 지구 역사상 존재했던 모든 나라의 백과사전의 총합입니다. 인공지능은 세상의 모든 지식을 담고 있습니다. 역사적 사실부터 최신 과학 이론까지, 우리가 궁금한 그 어떤 것도 물어볼 수 있습니다. 특히 좋은 점은 단순히 정보를 알려주는 것을 넘어, 우리가 이해하기 쉽게 설명해 준다는 것입니다. 예를 들어, 조선시대 임진왜란 편을 공부할 때는, 마치 그 시대에 살았던 사람들의 이야기를 들려주듯 생생하게 설명합니다.

인공지능은 각 학생의 수준과 학습 스타일에 맞춰 도움을 줄 수 있습니다. 수학을 잘하는 학생에게는 더 도전적인 문제를, 수학을 어려워하는 학생에게는 더 기초적인 설명부터 차근차근 제공합니다. 예를 들어 영어 공부를 할 때, 어떤 학생은 노래를 통해 잘 외우고, 다른 학생은 이야기를 통해 잘 기억합니다. 인공지능은 각 학생의 특성을 분석, 파악하여 가장 효과적인 학습 방법을 제안할 수 있습니다. 심지어 지루해 하는 학생에게는 재미있는 퀴즈 형식으로 설명해 주기도 합니다.

인공지능은 단순한 암기식 학습을 넘어서 창의적 사고를 키우는 데도 도움을 줍니다. "만약 지구의 중력이 절반으로 줄어든다면 어떤 일이 일어날까요?" 등과 같은 상상력을 자극하는 질문을 던지고, 이에 대해 과학적 원리를 바탕으로 한 재미있는 토론을 이끌어 낼 수 있습니다.

공부하면서 모르는 것이 있으면 그때그때 기록해 두고, 나중에 복습할 때 활용할 수 있습니다. 인공지능은 우리가 어떤 부분을 어려워하는지, 어떤 실수를 자주 하는지 기억하고 있다가, 나중에 그 부분을 중점적으로 다시 설명하거나 보충 학습을 제안할 수 있습니다.

비즈니스와 금융의 새로운 길잡이

인공지능은 이제 비즈니스와 금융 분야에서도 우리의 중요한 조언자가 되었습니다. 복잡한 경제 상황을 이해하기 쉽게 설명하고, 현명한 결정을 내리는 데 도움을 줍니다.

주식이나 투자에 관심이 있는 사람들을 위해, 인공지능은 기초적인 금융 교육부터 시작할 수 있습니다. "주식이란 무엇인가요?", "왜 사람들이 주식을 사고팔까요?" 등과 같은 기본적인 질문부터, "우리나라의 대표적인 기업들은 어떤 것이 있나요?"와 같이 실용적인 정보까지 제공할 수 있습니다. 예를 들어, 용돈을 모아 처음으로 투자를 시작하고 싶은 학생이 있다면, 인공지능은 아주 친절하게 도움을 줄 수 있습니다.

먼저 인공지능은 우리가 왜 용돈을 아끼고 저축해야 하는지, 그리고 그 돈으로 투자를 하면 어떤 장점이 있는지 설명할 수 있습니다. 그다음에는 은행 통장을 만들어서 안전하게 돈을 모으는 방법을 안내합니다. 어느 정도 돈이 모였다면, 투자할 때 반드시 지켜야 할 규칙들과 주의해야 할 점도 자세히 설명합니다. 마지막으로는 주식, 펀드, 적금 같은 다양한 투자 방법을 소개하며 각각의 장단점을 비교해 줌으로써, 학생이 스스로 적합한 투자 방법을 선택할 수 있도록 도와줍니다.

세계 경제가 어떻게 돌아가는지 이해하는 것은 쉽지 않은 일입니다. 하지만 인공지능은 복잡한 경제 현상을 우리의 일상생활과 관련지어 쉽게 설명할 수 있습니다.

예를 들어 요즘 물가가 자꾸 오르는 이유가 궁금할 때, 인공지능은 우리가 이해하기 쉽도록 설명할 수 있습니다. 자주 사먹는 과자의 가격이 작년에는 1,500원이었는데 올해는 2,000원이 되었다면, 그 이유를 하나하나 분석할 수 있습니다. 과자를 만드는 데 필요한 밀가루나 설탕 같은 재료들의 값이 왜 올랐는지, 이 재료들을 운반하는 트럭의 연료비가 비싸져서 운송비가 증가한 사실 등을 알려줍니다. 이렇게 물가가 오르면 우리가 용돈으로 살 수 있는 간식이 줄어들고, 부모님의 장보기 비용도 늘어나 가정 경제에도 영향을 미친다는 점까지 차근차근 설명할 수 있습니다.

요즘 10대들이 좋아하는 것은 무엇인지, 왜 어떤 제품은 인기가 있고 어떤 제품은 그렇지 않은지에 대한 분석도 가능합니다. 특정 운동화가 인기를 끄는 이유나 새로운 휴대폰이 화제가 되는 이유를 사회·문화적 맥락에서 설명할 수 있습니다.

창작과 예술의 새로운 지평

인공지능은 예술과 창작 분야에서도 우리의 상상력을 넓혀가는 든든한 친구가 되어줍니다. 음악, 미술, 글쓰기 등 다양한 분야에서 새로운 가능성을 열어주고 있습니다.

작곡에 관심이 있는 학생들에게 인공지능은 매우 유익한 선생님이 될 수 있습니다. 먼저 음악의 기초가 되는 음계나 화음 같은 이론을 쉽게 설명합니다. 학생이 좋아하는 노래를 예로 들어, 어떤 부분이 절(verse)이고 어떤 부분이 후렴구(chorus)인지, 왜 이 노래가 감동적인지 분석하여 알려줍니다. 더 나아가 학생이 직접 간단한 멜로디를 만들어 보는 방법을 지도하고, 피아노, 기타, 드럼 같은 악기들의 소리를 어떻게 조합하면 더 멋진 음악이 되는지도 함께 고민해 줍니다. 예를 들어 "슬픈 느낌의 피아노 곡을 만들고 싶다."라고 하면, 인공지능은 슬픈 느낌을 주는 음악적 요소(단조, 느린 템포 등)에 대해 설명하며 실제로 적용할 수 있는 간단한 멜로디를 제안합니다.

그림을 그리거나 디자인을 하고 싶을 때, 인공지능은 다양한 도움을 줄 수 있습니다. 기본적인 드로잉 기법을 설명하거나 색채 이론과 배색 방법을 알려줄 뿐 아니라, 다양한 화가들의 작품 스타일을 분석해 자신만의 스타일을 개발할 수 있도록 도와줍니다.

만약 "따뜻한 느낌의 풍경화를 그리고 싶다."라고 요청하면, 인공지능은 따뜻한 색감을 표현하는 방법, 풍경화의 기본 구도, 원근감 표현법 등을 단계적으로 설명합니다.

글쓰기에 관심 있는 사람들에게도 인공지능은 다양한 도움을 줄 수 있습니다. 이야기 구성을 위한 기본 원칙을 설명하거나, 개성 있는 캐릭터를 만드는 방법을 알려줍니다. 또한 흥미로운 플롯을 구상하는 데 도움을 주고, 효과적인 문장 표현법도 제안합니다.

건강, 여행 도우미
그리고 전문영역 서비스의 새로운 조력자

인공지능은 우리의 건강을 지키는 데도 유용한 도우미가 될 수 있습니다. 건강에 대해 궁금한 것이 있을 때마다 기초적인 정보와 조언을 얻을 수 있습니다. 예를 들어 어떤 음식을 먹어야 건강에 좋은지, 끼니를 거르면 안 되는 이유는 무엇인지 등 올바른 식습관에 대해 알려줍니다. 또 나이에 따라 적합한 운동이나 하루에 필요한 운동량 등을 설명해 줍니다.

학업으로 인한 스트레스를 어떻게 풀면 좋을지, 마음의 건강을 지키는 방법도 알려주며 갑작스럽게 다치거나 아플 때 간단한 응급처치 방법도 안내합니다. 물론 이러한 조언은 어디까지나 기초적인 건강 관리 차원에서 제공되는 것이며, 몸이 심하게 아프거나 걱정되는 증상이 있을 경우 반드시 병원을 방문해야 한다는 점을 잊지 않아야 합니다.

일상적인 고민이나 스트레스에 대해 이야기할 수 있습니다. 인공지능은 우리의 마음속 고민을 들어주는 따뜻한 상담자가 될 수 있습니다. 예를 들어, 시험 성적에 대한 걱정이나 친구 관계 문제에 대해 해결책을 찾을 수 있습니다.

때로는 '나는 잘하는 게 없어'하고 생각이 들 때도 있습니다. 이럴 때 인공지능은 개인의 장점을 찾아주고, 자신을 더 사랑하는 방법을 안내할 수 있습니다. 장래 희망이나 진로 선택에 대한 고민이 있을 때에도 이야기를 나눌 수 있습니다. 다만 심각한 고민일 경우 반드시 부모님, 선생님 또는 전문 상담사와 상담해야 한다는 점을 잊지 말아야 합니다.

예를 들어, 학교에서 발생한 다툼이 폭력에 해당하는지 궁금하거나, 친구와 돈을 빌리고 갚는 문제로 고민이 생겼을 때 기본적인 법률 정보를 제공할 수 있습니다. 또한, 부모님이 이사하며 집주인과 계약할 때 어떤 점들을 주의해야 하는지, 아르바이트를 하면서 부당한 대우를 받았을 때는 어떻게 해야 하는지도 설명할 수 있습니다.

물론, 인공지능은 변호사가 아니기 때문에 실제로 법적인 분쟁이 발생했을 때는 반드시 법률 전문가를 찾아야 합니다. 그러나 일상생활에서 지켜야 할 법률 상식이나 자신의 권리를 보호하는 기본적인 방법을 배우는 데는 훌륭한 길잡이가 될 수 있습니다.

인공지능은 여행을 계획할 때 매우 든든한 가이드가 될 수 있습니다. 특정 국가나 도시에 방문하고 싶다고 이야기하면, 해당 지역의 유명 관광지부터 현지인들만 아는 숨은 명소까지 다양한 정보를 추천할 수 있습니다. 또한, 그 지역의 날씨와 여행하기 좋은 계절, 맛있는 음식점, 편리한 숙소 등을 알려줍니다.

비행기 표나 기차표를 언제 사면 가장 저렴한지, 여행 경비는 얼마나 준비해야 하는지와 같은 실용적인 조언도 제공합니다. 심지어 해당 국가의 간단한 인사말이나 주의해야 할 문화적 차이점까지 안내해 줌으로써, 여행자가 더욱 즐겁고 안전한 여행을 할 수 있도록 돕습니다.

인공지능은 지구를 보호하는 환경 지킴이 역할을 수행할 수 있습니다. 기후 변화의 원인, 우리가 배출하는 쓰레기가 지구에 미치는 영향을 쉽게 설명해 줍니다. 예를 들어, 일회용품 대신 사용할 수 있는 대체 제품이나 분리수거를 올바르게 하는 방법 등의 안내가 가능합니다.

또한, 지역 공기의 오염도를 알려주거나 전기와 물을 절약하는 방법을 제안하기도 합니다. 심지어 멸종 위기에 처한 동물을 보호하는 방법이나, 숲을 보존하는 구체적인 활동까지 제안하여 실천할 수 있는 환경 보호 방안을 제공합니다.

이밖에 인공지능은 살기 좋은 도시를 설계하는 데도 도움을 줄 수 있습니다. 예를 들어, 학교와 공원은 어디에 위치시키는 것이 가장 적합할지, 도로를 설계하여 교통 체증을 줄이는 방법 등을 제안할 수 있습니다.

심지어 도시에 홍수가 발생하지 않도록 설계하거나 여름철 더위를 줄이기 위해 시원한 건축물을 디자인하는 방법도 알려 줄 수 있습니다. 자전거를 이용하는 사람들을 위한 자전거 도로를 설계하고, 어르신이나 장애를 가진 분들이 이용하기 편리한 보행로를 계획하며, 우리 동네에 필요한 가게나 쉴 수 있는 공간이 어디에 필요한지 분석해 줄 수 있습니다.

인공지능과 함께하는 미래

인공지능과 함께하는 미래는 무한한 가능성으로 가득차 있습니다. 인공지능은 우리가 더 깊이 생각하고 더 현명한 결정을 내리도록 돕는 훌륭한 친구가 될 수 있습니다.

예를 들어, 어려운 문제에 직면했을 때 인공지능은 단계적으로 해결 방법을 제안하며 우리는 이를 통해 차근차근 문제를 해결하는 능력을 기를 수 있습니다. 또한, 하나의 문제를 여러 가지 다른 관점에서 바라보는 훈련을 통해 창의적인 사고력을 키울 수 있습니다. 복잡한 문제를 체계적으로 정리하여 논리적으로 사고하는 방식 또한 발전시킬 수 있습니다.

미래에는 우리가 상상하지 못했던 새로운 직업들이 많이

생길 것입니다. 인공지능은 이러한 새로운 직업들이 어떤 것인지 예측하고 이해하는 데 도움을 줄 수 있습니다. 또한, 사회가 앞으로 어떻게 변화할지, 그 변화 속에서 지속 가능한 발전을 이루기 위해 무엇을 해야 하는지에 대해서도 함께 고민할 수 있습니다.

특히, 기후 변화나 환경 문제와 같이 전 세계가 협력해야 하는 대규모 문제들도 인공지능의 도움을 받아 더욱 효과적으로 해결할 수 있을 것입니다. 이처럼 인공지능은 더 나은 미래를 만들어가는 데 없어서는 안 될 중요한 동반자가 될 것입니다.

인공지능은 우리의 삶을 더욱 풍요롭게 만드는 도구입니다. 하지만 가장 중요한 것은, 인공지능이 제공하는 정보와 조언을 바탕으로 최종적인 판단과 결정을 우리 스스로 내려야 한다는 점입니다. 인공지능과 함께하며 우리의 판단력과 창의력을 지속적으로 발전시키는 것이 무엇보다 중요합니다.

앞으로 더 많은 분야에서 인공지능은 우리의 든든한 조력자가 될 것입니다. 그러나 항상 기억해야 할 점은, 인공지능은 우리의 삶을 더 편리하고 풍요롭게 만들어 주는 도구일 뿐, 인간 고유의 창의성과 감성을 대체할 수는 없다는 것입니다. 이제 인공지능과 함께 더 넓은 세상을 향해 한 걸음씩 나아가 보는 것은 어떨까요?

1부
AI 세계로의 초대

· 1956년 여름에 열린 다트머스 컨퍼런스는 인공지능(AI)의 연대기에서 아주 중요한 사건이다.
이 회의는 AI가 연구 분야로 공식 탄생하는 계기가 됐으며, 혁신적인 기술의 토대를 마련한 의
미를 갖는다. 출처: http://jmc.stanford.edu/articles/dartmouth/dartmouth.pdf

1장

인공지능의 역사와 발전

1. 인공지능의 초기 역사

여러분은 '인공지능'이라고 하면 무엇이 떠오릅니까? 요즘에는 챗봇이나 그림 AI처럼 우리 생활 속에서 쉽게 접할 수 있지만, 그 역사는 생각보다 훨씬 오래되었습니다. 인공지능이 어떻게 시작되었는지 함께 살펴보겠습니다.

최초의 꿈, 기계로 생각할 수 있을까?

인공지능의 시작은 "기계가 생각할 수 있을까?"라는 인간의 호기심에서 비롯되었습니다. 1950년, 영국의 수학자 앨런 튜링은 '기계는 생각할 수 있는가?'라는 문장으로 시작하는 매우 흥미로운 논문*을 발표했습니다. 이 논문에서 튜링은 '튜링 테스트'라는 것을 제안했는데, 이는 기계가 얼마나 '지능적'인지 판단하는 방법이었습니다.

튜링 테스트는 다음과 같은 방식으로 진행됩니다. 심사위

---

*　'Computing Machinery and Intelligence(컴퓨팅 기계와 지능)'(1950). 옥스퍼드 대학교 출판부에서 분기별 발행하는 심사평가 학술 저널 마인드(MIND)에 발표.

원이 컴퓨터와 사람을 각각 상대로 대화를 합니다. 만약 심사위원이 어느 쪽이 컴퓨터이고 어느 쪽이 사람인지 구분하지 못한다면, 그 컴퓨터는 '생각할 수 있는 기계'로 판단합니다. 이 아이디어는 오늘날에도 인공지능을 평가하는 중요한 기준으로 활용되고 있습니다.

다트머스 회의, 인공지능의 탄생

1956년 여름, 미국 뉴햄프셔주 해노버에 위치한 다트머스 대학교에서 특별한 모임이 열렸습니다. 존 매카시, 마빈 민스키, 클로드 섀넌과 같은 젊은 과학자들이 모여 '인공지능'이라는 새로운 연구 분야를 개척하였습니다. 이들은 "인간의 학습과 지능의 모든 부분을 매우 정확하게 설명할 수 있어서 기계가 이를 흉내낼 수 있게 만들 수 있다."라고 믿었습니다.

이 모임에서 처음으로 '인공지능(Artificial Intelligence)'이라는 용어가 공식적으로 사용되었습니다. 과학자들은 두 달 동안 함께 연구하며, 컴퓨터가 체스를 두거나 수학 문제를 풀 수 있는 프로그램을 개발했습니다. 초기의 인공지능 연구자들은 매우 낙관적이었습니다. 당시 컴퓨터로 다음과 같은 놀라운 성과를 이루어 냈기 때문입니다.

- 1952년   아서 사무엘이 체커 게임을 하는 프로그램을 개발하였습니다. 이 프로그램은 게임을 할수록 실력이 향상되었습니다.
- 1956년   논리 이론가(Logic Theorist)라는 프로그램이 수학 정리를 증명했습니다.

- **1964년** 조셉 와이젠바움이 일라이자(ELIZA)라는 최초의 챗봇 (Chatbot)을 개발하였습니다.

특히 일라이자는 정신과 의사처럼 사람들과 대화할 수 있는 프로그램이었습니다. 물론 오늘날의 기준으로는 매우 단순했지만, 당시에는 혁신적인 발명으로 평가받았습니다.

1950년대에는 진공관 컴퓨터들이 사용되었습니다. ENIAC, EDVAC, UNIVAC과 같은 대형 전자 장비들이 방 하나를 차지할 만큼 거대했습니다. 이러한 컴퓨터들은 주로 군사 및 과학 연구용 계산을 목적으로 개발되었으며, 논리 연산을 수행하도록 설계되었습니다.

초기 프로그래밍 언어로는 기계어와 같은 저수준 언어가 사용되었으며, 1950년대 후반에는 어셈블리 언어나 포트란(FORTRAN)과 같은 초기 고급 언어가 개발되어 컴퓨터 프로그래밍이 한층 쉬워졌습니다. 이러한 기술 발전은 체커 게임이나 로직 시어리스트와 같은 프로그램 개발을 가능하게 했습니다.

첫 번째 겨울이 오다

1970년대에 들어서면서 인공지능 연구는 큰 어려움에 직면했습니다. 초기의 낙관적인 기대와 달리, 인공지능을 개발하는 일이 예상보다 훨씬 더 어려웠기 때문입니다.

- 컴퓨터의 성능이 부족했습니다.
- 저장할 수 있는 정보의 양이 매우 제한적이었습니다.

- 복잡한 문제를 해결하는 방법을 찾지 못했습니다.

이 시기를 '인공지능의 첫 번째 겨울'이라고 부릅니다. 많은 연구자들이 실망하였고, 연구비 지원도 크게 줄어들었습니다. 그러나 이러한 어려움 속에서도 일부 연구자들은 포기하지 않고 연구를 이어갔습니다.

전문영역 컴퓨터 시스템의 등장

1980년대가 되면서 '전문가 시스템(experts system)'이라는 새로운 종류의 인공지능이 상업적으로 성공을 거둡니다. 전문가 시스템은 특정 분야에서 전문가처럼 문제를 해결할 수 있는 컴퓨터 프로그램이었습니다. 예를 들어 다음과 같은 사례가 있습니다.

- XCON   컴퓨터 조립 과정을 안내하는 시스템.
- MYCIN   의사들의 진단을 돕는 시스템으로, 세균성 감염과 같은 특정 의료 분야에 활용되었습니다. MYCIN은 적절한 항생제를 선택하도록 돕고, 진단과 치료 조언을 제공했습니다.
- PROSPECTOR   광물 매장지를 탐사하는 시스템으로, 지질 데이터를 분석하여 잠재적인 광물 매장지 위치를 예측하였습니다. 실제로 새로운 매장지를 발견하는 데 성공하여 전문가 시스템의 실효성을 입증하였습니다.

1980년대 전문가 시스템은 여러 산업 현장에 도입되었고,

특정 분야에서 전문가처럼 활동할 수 있는 능력을 제공하여 큰 성과를 거두었습니다. 이러한 전문가 시스템들은 오늘날의 고도화된 인공지능 개발로 이어지는 기반이 되었습니다.

2. 단어 퀴즈왕이 된 인공지능, IBM 왓슨

2011년 미국의 인기 퀴즈쇼 '제퍼디!(Jeopardy!)'에서는 특별한 도전자인 인공지능 컴퓨터 '왓슨'이 우승하는 기록을 세웠다.

특별한 도전자의 등장

2011년 2월, 미국의 인기 퀴즈 프로그램 '제퍼디!'에 특별한 도전자가 등장했습니다. 바로 IBM이 만든 인공지능 컴퓨터 '왓슨'이었습니다. 제퍼디는 우리나라의 장학퀴즈처럼 지식을 겨루는 프로그램으로 잘 알려져 있습니다.

최강자들과의 대결

왓슨의 상대는 제퍼디 역사상 최고의 챔피언들이었습니다. 74연승을 기록한 켄 제닝스와 가장 많은 상금을 획득한 브래드 러터가 그 주인공이었습니다. 이 둘은 제퍼디에서 전설로 불리는 선수들이었기에, 컴퓨터가 이러한 퀴즈 고수들을 이길 수 있을지 많은 이들의 관심이 집중되었습니다.

놀라운 능력의 왓슨

왓슨은 대결에서 정말 놀라운 실력을 보여주었습니다. 90대의 서버 컴퓨터로 구성된 왓슨은 2억 페이지가 넘는 책과 문서를 기억하고 있었으며, 이를 바탕으로 질문의 의미를 파악하고 답을 찾아낼 수 있었습니다. 특히 다음과 같은 점에서 주목할 만한 능력을 보여주었습니다.

- 일상적인 대화체로 된 질문을 이해할 수 있었습니다.
- 농담이나 말장난이 포함된 문제도 풀 수 있었습니다.
- 답을 찾는 데 걸리는 시간은 3초도 채 되지 않았습니다.
- 답에 대한 확신도를 계산하여 스스로 판단할 수 있었습니다.

3일간의 대결 끝에 왓슨은 총 7만 7,147달러를 획득하여, 켄 제닝스(2만 4,000달러)와 브래드 러터(2만 1,600달러)를 압도적으로 이겼습니다. 당시 왓슨의 승리는 여러 면에서 매우 특별한 의미를 지녔습니다. 먼저, 컴퓨터가 인간의 일상적인 대화를 이해하고 이에 적절히 응답할 수 있음을 입증했기 때문입니다. 이는 단순히 정보를 검색하는 수준을 넘어, 대화의 문맥을 정확히 파악하고 논리적으로 추론할 수 있는 능력을 보여준 사례였습니다. 또한, 왓슨은 매우 짧은 시간 안에 방대한 양의 정보를 분석하고 정확한 답변을 도출할 수 있었습니다. 이러한 능력은 그동

안 인간만이 수행할 수 있다고 여겨졌던 작업들이었기에, 왓슨
의 승리는 인공지능 발전의 새로운 이정표로 평가되었습니다.

왓슨의 발전

왓슨은 이후 더 중요한 역할을 맡게 되었습니다. 병원에서
는 의사들의 진단을 돕는 데 사용되었고, 기업에서는 복잡한 문
제를 해결하는 데 기여하였습니다. 왓슨의 제퍼디 우승은 인공
지능이 얼마나 발전할 수 있는지를 보여준 훌륭한 사례였으며,
이는 시작에 불과했습니다.

3. 구글 딥마인드와 이세돌 9단의 바둑 대결

구글 알파고와 이세돌 9단의 바둑 대결. 2016년 구글 딥마인드가 개발한 인공
지능 '알파고'와 한국의 바둑 천재 이세돌 9단이 세기의 바둑 대결을 펼쳤습니
다. 당시 많은 사람들은 바둑만큼은 인공지능이 인간을 이기기 어려울 것으로
예상했지만, 알파고가 승리해 바둑계에 큰 충격을 주었습니다. 출처_연합뉴스

세기의 대결

2016년 3월, 전 세계 바둑계에 큰 사건이 일어났습니다. 구
글 딥마인드가 개발한 인공지능 '알파고'와 한국의 바둑 천재 이

세돌 9단이 세기의 대결을 펼친 것입니다. 당시 많은 사람들은 바둑만큼은 인공지능이 인간을 이기기 어려울 것으로 생각했습니다. 바둑은 체스보다 경우의 수가 훨씬 많고, 인간의 직관과 창의력이 요구되는 게임이었기 때문입니다.

대국의 진행

이 특별한 대국은 서울 포시즌스 호텔에서 5회에 걸쳐 진행되었습니다. 첫 대국에서 알파고가 승리했을 때 모든 사람이 놀랐습니다. 일부는 '운이 좋았을 것이다'라고 추측했지만, 2국과 3국에서도 알파고가 승리하며 놀라운 실력을 보여주었습니다. 알파고는 이세돌 9단이 전혀 예상하지 못한 수를 두며 바둑계에 충격을 안겼습니다.

'신의 한 수'

하지만 4국에서는 특별한 일이 일어났습니다. 이세돌 9단이 78수째에 둔 놀라운 수는 '신의 한 수'로 불리게 되었습니다. 이 수는 알파고를 완전히 혼란에 빠뜨렸고, 결국 이세돌 9단이 승리를 거두었습니다. 이 한 판의 승리는 인간의 창의성과 직관의 가치를 보여준 중요한 사례로 평가받습니다.

알파고의 은퇴와 바둑계의 변화

알파고는 이후 더욱 강해졌으며, 2017년에는 당시 세계 랭킹 1위였던 커제 9단까지 이겼습니다. 그러나 같은 해 5월, 구글은 알파고의 은퇴를 발표했습니다. 바둑에서 이룰 수 있는 모든 것을 이미 달성했다고 판단했기 때문입니다.

인공지능의 등장으로 바둑계는 위기와 기회를 동시에 맞이했습니다. 처음에는 인공지능을 두려워했지만, 시간이 지나면서 이를 새로운 기회로 활용하기 시작했습니다. 프로 기사들은 인공지능을 활용해 실력을 키우고 있으며, 바둑 연구와 전략 개발 등에서도 큰 도움을 받고 있습니다.

4. 최첨단 인프라의 장치산업

인공지능을 사용할 때 그 배후에서 어떤 일이 이루어지고 있는지 궁금해 보신 적이 있습니까? 우리가 스마트폰을 통해 손쉽게 사용하는 인공지능 서비스들은 실제로 엄청난 규모의 컴퓨터 장비와 시설이 필요합니다. 이러한 시설들이 잘 갖춰진 국가에서 인공지능 산업이 더욱 발전할 수 있으며, 우리나라도 그러한 국가 중 하나에 해당합니다.

인공지능의 숨은 조력자, GPU

인공지능이 작동하기 위해서는 특정한 컴퓨터 부품이 필요합니다. 바로 GPU(그래픽 처리 장치)입니다. 원래 GPU는 게임이나 영화에서 고화질의 영상과 그래픽을 구현하기 위해 개발된 장치였습니다. 그러나 연구자들은 이 GPU가 인공지능 학습 및 실행에도 매우 적합하다는 사실을 발견하였습니다.

인공지능은 대규모의 GPU를 동시에 사용합니다. 예를 들어, 일반적으로 사용하는 챗봇 하나를 개발하는 데에도 수백 개의 GPU가 필요합니다. 최신 GPU 중 인공지능 학습에 가장 많이 사용되는 제품은 엔비디아의 H100으로, 한 대의 가격이 약 4,000만 원을 초과합니다. 이전 세대 모델인 A100도 여전히 많이 사용되며, 이 또한 한 대당 약 2,000만 원에 달합니다.

전 세계, 대규모 인공지능 데이터센터 건설 중

인공지능의 숨은 조력자, GPU. 인공지능이 작동하기 위해서는 특정한 컴퓨터 부품, GPU(그래픽 처리 장치)가 필요합니다. 전 세계 국가들이 대규모 인공지능 데이터센터를 건설하고 있는 이유입니다.

전 세계 국가들은 대규모 인공지능 데이터센터를 건설하고 있습니다. 마이크로소프트는 약 50조 원을 투자하여 미국 전역에 인공지능 데이터센터를 확장하고 있으며, 구글은 약 30조 원을 들여 전 세계에 새로운 데이터센터를 건설하고 있습니다. 메타(구 페이스북)도 2025년까지 인공지능 인프라 구축에 약 35조 원을 투자할 계획이라고 발표하였습니다.

특히, 마이크로소프트가 애리조나주에 건설 중인 데이터센터는 한 곳에만 약 14조 원이 투자될 예정입니다. 이곳에는 수만 개의 최신 GPU가 설치될 예정이며, 아마존도 오하이오주에

약 10조 원 규모의 인공지능 전용 데이터센터 단지를 건설하고 있습니다.

이러한 데이터센터 하나에는 보통 수천 개의 GPU가 설치됩니다. 예를 들어, 1,000개의 H100 GPU를 설치한다고 가정할 때, GPU 비용만 약 400억 원을 초과하게 됩니다. 여기에 건물 건설, 냉각 장치 설치, 전기 설비 구축 등의 추가 비용을 더하면, 투자 비용은 상상을 초월합니다.

우리나라의 인공지능 인프라 과제

우리나라가 세계적 수준의 인공지능 강국이 되기 위해서는 이러한 장비에 대한 대규모 투자가 필수적입니다. 전문가들은 한국이 향후 5년간 최소 100조 원 이상의 투자가 필요하다고 전망하고 있습니다. 특히, 우리나라는 데이터센터를 건설할 적합한 부지를 찾기 어려우며, 전기 요금도 지속적으로 상승하여 더 많은 비용이 소요될 가능성이 있습니다.

이와 같은 이유로 인공지능 개발은 '장치 산업'으로 불립니다. 이는 반도체 공장이나 자동차 공장처럼 초기 단계에서 막대한 자본 투자가 필요하기 때문입니다. 이러한 큰 투자가 없이는 인공지능 서비스를 구축하기 어려운 실정입니다. 그러나 전 세계가 이렇게 적극적으로 투자하고 있다는 사실은, 인공지능이 미래 산업의 핵심 기술로 자리잡고 있음을 보여줍니다. 우리나라 또한 이러한 세계적 흐름에 뒤처지지 않기 위해 과감한 투자가 필요한 시점입니다.

사. ChatGPT, Claude, Perplexity의 가입 및 설치 방법

아래는 ChatGPT, Claude, Perplexity를 설치하고 사용할 수 있는 링크와 방법에 대한 안내입니다.

- ChatGPT

웹사이트 가입 URL https://chat.openai.com/

모바일 앱 설치

iOS (iPhone/iPad) App Store에서 "ChatGPT"를 검색하거나 아래 링크를 통해 설치 가능합니다.

https://apps.apple.com/us/app/chatgpt/id6448311069

Android Google Play 스토어에서 공식 ChatGPT 앱을 다운로드할 수 있습니다.

https://play.google.com/store/apps/details?id=com.openai.chatgpt

- Claude

웹사이트 가입 URL https://claude.ai/

모바일 앱 설치

iOS (iPhone/iPad) App Store에서 "Claude by Anthropic"을 검색하거나 아래 링크를 통해 설치 가능합니다.

https://apps.apple.com/th/app/claude-by-anthropic/id6473753684

Android Google Play 스토어에서 "Claude by Anthropic"을 검색하거나 아래 링크를 통해 설치 가능합니다.

https://play.google.com/store/apps/details?id=com.an-thropic.claude

- Perplexity

웹사이트 가입 URL https://www.perplexity.ai/

<u>모바일 앱 설치</u>

iOS (iPhone/iPad) App Store에서 "Perplexity AI"를 검색하거나 아래 링크를 통해 설치 가능합니다.

https://apps.apple.com/us/app/perplexity/id1668000334

Android Google Play 스토어에서 "Perplexity AI"를 검색하거나 아래 링크를 통해 설치 가능합니다.

https://play.google.com/store/apps/details?id=ai.perplexity.app.android

설치 후 주의 사항

모든 앱의 설치가 완료된 후에는 계정 생성 또는 로그인이 필요할 수 있습니다. 각 앱에서 제공하는 지침에 따라 계정을 설정하면 이용이 가능한데, 물론 이 과정은 어렵지 않습니다.

2. 무엇이든 질문하기: 모든 주제 수용 가능

가. 질문의 범위에는 제한이 없습니다.

인공지능은 전 세계의 방대한 인터넷 데이터를 학습했기 때문에 매우 다양한 분야의 질문에 답변할 수 있습니다. 질문의 범위에는 사실상 제한이 없습니다.

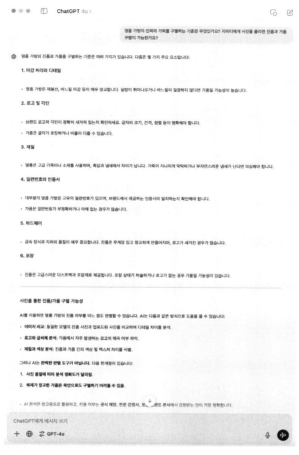

질문 범위에 무제한. 인공지능은 전 세계의 방대한 인터넷 데이터를 학습했기 때문에 매우 다양한 분야의 질문에 답변할 수 있습니다. 사실상 제한이 없습니다.

예를 들어, 미팅에서 첫 대화를 어떻게 시작해야 할지 막막하거나, 길에서 본 식물의 이름이 궁금하다면 인공지능에 물어

보면 됩니다. 또한, 서울 지역의 연평균 강수량이 궁금하거나, 운전 중 차량에 표시된 경고등의 의미를 알고 싶을 때도 도움을 받을 수 있습니다. 심지어 윈도우 부팅 시 발생하는 블루스크린 오류 메시지나 외국어로 된 포장지의 내용을 해석하고 싶을 때도 인공지능이 유용합니다.

강아지의 품종이 궁금하거나, 아프리카에도 만두가 있는지 같은 독특한 질문도 가능합니다. 인공지능은 수학 문제, 역사적 사건, 과학 실험 방법 등 모든 질문에 대해 친절하게 답변할 준비가 되어 있습니다.

예를 들어, "삼각형의 넓이를 구하는 공식은 알겠지만, 왜 그런 공식이 나오는지 설명해 주세요."라고 질문하면, 인공지능은 그림과 함께 이해하기 쉬운 설명을 제공할 수 있습니다. 또는 "고려시대 사람들은 어떤 음식을 즐겨 먹었나요?"라는 질문에 대해 재미있는 역사적 사실을 소개해 줄 수도 있습니다.

모든 분야의 지식을 융합하여 활용할 수 있는 장점

인공지능의 장점은 다양한 분야의 지식을 연결하여 설명할 수 있다는 점입니다. 예를 들어, 환경오염에 대해 질문하면 과학적인 원인, 사회적인 영향, 그리고 실천이 가능한 해결 방안까지 종합적으로 알려줍니다. 수학 문제를 풀 때도 단순히 답만 알려주는 것뿐만 아니라, 해당 수학 지식이 실생활에서 어떻게 활용되는지를 설명하여 학습에 흥미를 더할 수 있습니다.

또한, 인공지능은 한 주제에 대해서도 다양한 관점에서 답변을 제공합니다. 예를 들어, "플라스틱 사용을 줄이는 것이 왜 중요한가요?"라는 질문에 대해 환경, 경제, 건강 등 여러 측면에서 설명을 제공할 수 있습니다.

나. 사진을 활용하여 질문하기

글로 설명하기 어려운 경우에는 사진을 함께 첨부하여 질문하는 것이 더 효율적입니다. 시각적인 정보를 함께 제공하면 인공지능은 더욱 정확한 답변을 제공할 수 있습니다. 예를 들어, 식물의 생장 과정이 궁금하다면 관련 사진을 업로드하고 질문하면 더 상세한 답변을 얻을 수 있습니다.

다. 구체적인 상황 설명과 질문

일반적인 질문보다는 구체적인 질문이 더욱 효과적인 답변을 얻을 수 있습니다. 질문 시 가능한 한 자세한 상황을 설명하면 좋습니다.

예를 들어, "수학 문제를 못 풀겠어요."보다는 "이차방정식의 근의 공식을 사용하는 데 어려움이 있습니다."라고 질문하면 더 적절한 도움을 받을 수 있습니다. 또한, "계수가 분수일 때 혼란스럽습니다."라고 모르는 부분을 구체적으로 설명하면, 보다 유용한 답변을 받을 수 있습니다.

역사 질문에서도 "역사에 대해 알고 싶어요."라는 질문보다는 "고려시대 거란의 침입 당시 강감찬 장군이 사용한 전략은 무엇인가요?"라고 구체적으로 묻는 것이 더 유익한 정보를 얻는 데 도움이 됩니다.

라. 효율적인 의사소통

인공지능과의 대화에서 예시를 활용하면 보다 명확한 답변을 얻을 수 있습니다. 예컨대, "이런 경우에는 어떻게 해야 하나요?"라는 질문보다는 "예를 들어, 친구와 다투었을 때…"처럼 구체적인 상황을 제시하면 실용적인 조언을 받을 수 있습니다.

마. 원하는 답변 형식 명시하기

답변의 형식을 미리 요청하면 더 이해하기 쉬운 답변을 받을 수 있습니다. 예를 들어, "이 내용을 표로 정리해 주세요." 또는 "단계별로 설명해 주세요."처럼 원하는 형식을 명시하면 더욱 명확한 정보를 제공받을 수 있습니다.

인공지능은 우리의 일상생활에서 훌륭한 도우미 역할을 할 수 있지만, 인공지능의 답변을 무조건 신뢰하기보다는 비판적으로 검토하는 자세가 중요합니다. 인공지능의 답변에는 1~2%의 오류 가능성이 있습니다. 이는 인간의 지식 오류보다 적을 수 있으나, 중요한 정보를 다룰 때는 반드시 추가 검토가 필요합니다. 효율적인 질문 방법을 지속적으로 연습하고 개발하면, 자신만의 효과적인 질문 방식을 찾을 수 있을 것입니다. 인공지능과 함께 학습과 업무를 더 즐겁고 효율적으로 시작해 보는 것은 어떨까요?

3. 네이버 지식iN 대신, 인공지능에게 물어보세요

과거에는 궁금한 점이 있으면 네이버 지식iN에 질문을 올리고 누군가의 답변을 기다려야 했습니다. 운이 좋으면 몇 시간 만에 답변을 받을 수 있었지만, 때로는 며칠이 지나도 답변받지 못한 경우도 있었습니다. 이제는 생성형 인공지능을 활용하여 궁금한 점을 즉시 해결할 수 있게 되었습니다.

한밤중에 수학 문제를 풀다가 막히는 상황을 상상해 보십시오. 지식iN에 질문을 올리면 아침이 되어야 답변을 받을 수 있었겠지만, 인공지능은 밤이든 새벽이든 관계없이 즉시 도움을 줄 수 있습니다. 인공지능은 단순히 문제의 답을 알려주는 것을 넘어 풀이 과정을 단계적으로 설명하며, "이 부분이 이해되지 않습니다."라고 말하면 더 쉽게 재설명도 가능합니다.

비포장 시골길을 야간에 운전하다가 차량 계기판에 경고등이 들어온 경우를 생각해 보십시오. 인공지능에게 경고등의 사진을 올리고 상황을 텍스트로 상세히 설명하며 질문하면, 예상되는 원인을 즉각적으로 답변해 줍니다. 밤늦게 자동차 정비업체의 전화번호를 찾기 위해 네이버나 구글을 검색하거나 전화를 걸 필요가 없습니다.

과학 숙제를 하다가 광합성의 원리가 궁금할 때도 인공지능은 매우 유용합니다. 지식iN에서는 답변자가 얼마나 전문적인 지식을 보유하고 있는지 알기 어려웠으나, 인공지능은 과학교과서부터 최신 연구 자료까지 학습하여 정확하게 설명할 수 있습니다. 예를 들어, 식물이 빛을 이용해 양분을 만드는 과정이나 잎이 초록색인 이유 같은 질문에도 쉽고 재미있게 설명할 수 있습니다.

요리를 배우고자 할 때도 인공지능은 훨씬 더 편리합니다. 냉장고 안에 있는 식재료 사진을 업로드하며, 해당 재료로 만들 수 있는 요리를 물어보면, 인공지능은 30초 이내에 답변을 제공합니다. 유튜브에서 검색할 필요 없이 바로 답변을 얻을 수 있습니다.

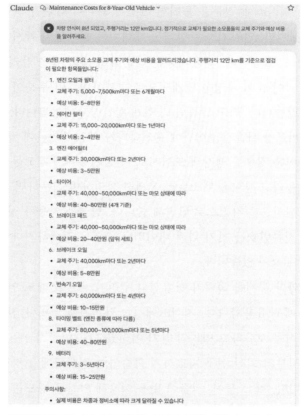

기계와 전자제품 만능 도우미. 쉽고 친절한 기기 설명서 역할도 척척 하는 인공지능.

지식iN에서는 "김치찌개 끓이는 법을 알려주세요."라고 질문한 뒤 답변을 기다려야 했습니다. 그러나 인공지능과는 실시

같은 질문에도 상세히 답을 해 줍니다.

인공지능은 복잡한 사용설명서를 대신하여 친절한 선생님처럼 모든 기계와 전자제품의 사용법을 안내할 수 있습니다. 또한, 추가로 궁금한 점이 생기면 즉시 질문하고 답변을 받을 수 있어, 마치 전문가가 옆에서 설명하는 것과 같은 경험을 제공합니다.

새로운 제품을 구매하거나 갑작스러운 문제가 발생했을 때 당황하지 마십시오. 인공지능은 언제나 여러분 곁에서 도와줄 준비가 되어 있습니다. 심지어 외국과 같은 낯선 환경에서도 인공지능은 친절한 가이드가 되어 여러분을 돕습니다.

5. 의약 정보도 알려주는 인공지능

일상생활에서 건강과 관련한 다양한 궁금증에 직면하는 일이 잦습니다. 이럴 때 인공지능은 신뢰할 수 있는 정보를 제공하는 유용한 도우미 역할을 합니다.

약품 정보 확인하기

감기약을 복용해야 하는데 설명서를 분실했다고 가정해 봅시다. 이 경우, 알약의 모양, 색상, 그리고 표시된 숫자나 문자를 인공지능에게 설명하면 해당 약품의 정보를 확인할 수 있습니다. 약품 자체를 사진으로 찍어 업로드하면서 "하얀색 원형 알약이며, 한쪽 면에 'A10'이라고 쓰여 있습니다."라고 설명하면 정확한 정보를 제공받을 수 있습니다.

또한, 약 복용 시 주의 사항도 알 수 있습니다. 예를 들어

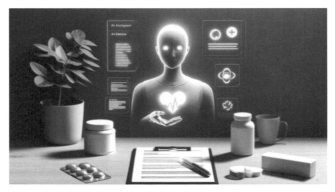

의약 정보도 알려주는 인공지능. 해외여행 중이거나 외국에서 구매한 약을 복용할 경우, 인공지능은 매우 든든한 도우미가 될 수 있습니다. 영어뿐만 아니라 일본어, 중국어, 독일어 등 다양한 언어로 작성된 약품 설명서를 쉽게 이해할 수 있도록 도움을 제공합니다.

"이 약은 식후에 복용해야 하나요?", "졸음 유발 부작용이 있나요?", "운전이 가능한가요?"와 같은 질문에 답을 얻을 수 있습니다. 이와 함께, 다른 약과의 병용이 금지된 약품도 알려주어 안전한 복용을 도와줍니다.

외국어로 된 약품 설명서 이해하기

해외여행 중이거나 외국에서 구매한 약을 복용해야 할 때, 인공지능은 매우 든든한 도우미가 될 수 있습니다. 영어뿐만 아니라 일본어, 중국어, 독일어 등 다양한 언어로 작성된 약품 설명서를 쉽게 이해할 수 있도록 도움을 제공합니다.

예를 들어, 일본에서 구매한 감기약의 설명서에 "食後に服用してください"라고 쓰여 있다면, 이는 "식사 후에 복용해 주세요."라는 뜻이라고 알려줍니다. 영어로 "Take twice daily with meals."라고 쓰여 있는 경우, "하루에 두 번 식사와 함께 복용하

세요."라고 번역해 줄 뿐만 아니라, 아침과 저녁에 복용하는 것이 적합한지, 점심에 복용해도 되는지에 대한 추가 설명도 제공합니다.

특히 주의해야 할 내용도 놓치지 않습니다. 예를 들어, 독일어로 된 설명서에 "Nicht mit Alkohol einnehmen."이라고 쓰여있다면 이는 "술과 함께 복용하지 마세요."라는 경고라고 알려줍니다. 프랑스어로 "Tenir hors de portée des enfants."는 "어린이의 손이 닿지 않는 곳에 보관하세요."라는 의미임을 설명해 줍니다.

또한, 해외에서 약을 구매할 때 도움을 받을 수도 있습니다. 만약 "프랑스에서 두통약을 구매하고 싶습니다. 어떻게 말해야 하나요?"라고 물으면, 현지 약국에서 사용할 수 있는 간단한 프랑스어 표현과 일반적으로 사용되는 두통약의 브랜드 이름도 제공받을 수 있습니다.

외국 약품의 용량 표기가 우리나라와 다를 경우에도 도움을 받을 수 있습니다. "500mg은 우리나라 기준으로 얼마인가요?", "이 시럽 약의 5ml는 우리나라 계량스푼으로 몇 스푼인가요?"와 같은 질문에도 정확히 답할 수 있습니다.

복용법과 주의 사항 이해하기

처방받은 약의 복용법이 혼란스러울 때도 인공지능의 도움을 받을 수 있습니다. 예를 들어 "하루 세 번 식후 30분"의 정확한 의미나, 약 복용을 잊었을 때의 대처 방법에 대해서도 자세히 설명해 줍니다.

예를 들어 "항생제를 복용하다가 깜빡했습니다. 어떻게 해야 하나요?"라고 묻는다면, 다음 복용 시간까지 남은 시간을 확인한 뒤 적절한 조치를 안내합니다. 또한, "소화제는 식전에 복용해야 하나요, 식후에 복용해야 하나요?"와 같은 구체적인 질문에도 답변할 수 있습니다.

알레르기 관련 도움받기

알레르기가 있는 사용자에게 인공지능은 특히 유용합니다. 식품 포장지에 적힌 성분표를 보여주며 "땅콩 알레르기가 있는데 이 과자를 먹어도 될까요?"라고 물을 수 있습니다. "이 화장품에 알레르기 유발 성분이 있나요?"와 같은 질문에도 답변을 제공합니다.

꽃가루 알레르기가 있는 경우 "오늘 우리 동네 꽃가루 농도는 어떻습니까?", "이번 주에는 어떤 꽃가루가 많이 날릴까요?"와 같은 정보도 확인할 수 있어 미리 대비할 수 있습니다.

일상적인 건강 관리 도움

일상적인 건강 관리에 대한 조언 역시 받을 수 있습니다. 예를 들어 "환절기에 감기를 예방하려면 어떻게 해야 합니까?", "비염이 심할 때 집에서 관리할 수 있는 방법이 있나요?"와 같은 질문에 대해 과학적으로 검증된 방법들을 제공합니다.

운동 관련 질문에도 도움을 받을 수 있습니다. "스트레칭은 운동 전과 후 중 언제 해야 합니까?", "발목을 약간 삐었는데 어떻게 대처해야 하나요?"와 같은 질문에 적절한 조언을 받을 수 있습니다.

다만, 반드시 기억해야 할 것은 인공지능이 일반적인 정보와 조언은 제공할 수 있지만, 실제 진단이나 치료는 전문의와의 상담을 통해 이루어져야 한다는 점입니다. 특히 심각한 증상이 있거나 지속적인 건강 문제가 있을 경우 반드시 병원을 방문해야 합니다.

인공지능은 건강 정보를 이해하고 일상적인 관리를 돕는 보조적인 역할을 합니다. 그렇기는 해도 전문적인 의료 상담이 필요한 경우, 반드시 병원을 방문하여 진찰을 받아야 합니다.

6. 자연과 관련된 궁금증도 해결해주는 인공지능 친구

우리 주변의 자연과 환경에 대한 다양한 궁금증도 인공지능의 도움을 받을 수 있습니다.

식물 종류 알아보기

등산이나 산책 중 예쁜 꽃을 발견했으나 이름을 모를 경우, 사진을 찍어 인공지능에 보여주면 해당 식물의 정보를 확인할 수 있습니다. 예를 들어 "이 보라색 꽃은 무엇입니까?"라는 물음에, "이 꽃은 제비꽃입니다. 봄에 피는 작지만 아름다운 야생화입니다."라고 답을 해 줍니다.

집 안의 화분에 있는 식물에 대해서도 질문할 수 있습니다. 예를 들어 "우리 집 화분의 식물은 무엇입니까? 잎이 노랗게 변하고 있습니다. 어떻게 해야 하나요?"라고 묻는다면, 식물의 종류와 관리 방법을 자세히 설명해 줍니다.

열매와 버섯 식별하기

산에서 발견한 버섯의 경우, 특히 주의가 필요합니다. 인공지능에게 사진을 보여주며 "이 버섯은 먹어도 됩니까?"라고 물으면 식용 가능 여부와 주의사항을 제공합니다. 하지만 버섯은 매우 위험할 수 있으므로, 전문가의 확인 없이 섭취하면 안 됩니다.

약용 식물의 효과 확인하기

예를 들어 "들기름나물의 효능은 무엇인가요?"라고 물으면 과학적으로 입증된 효과와 민간요법의 차이를 구분하여 설명해 줍니다. 약초에 대한 정보도 인공지능을 통해 확인할 수 있습니다. 예를 들어 사진과 함께 "이것이 진짜 산삼인가요?"라고 묻는다면, 인공지능은 산삼과 유사하게 생긴 다른 식물들과의 차이점을 상세히 설명해 줍니다. 또한, 이러한 식물을 함부로 채취하거나 섭취해서는 안 된다는 주의사항도 함께 안내합니다.

텃밭 가꾸기 도움받기

집에서 작은 텃밭을 가꾸고자 한다면, 인공지능의 조언을 받을 수 있습니다. 만약 "베란다에서 방울토마토를 키우고 싶은데 어떻게 해야 하나요?"라고 물으면, 적절한 화분 크기, 흙의 종류, 물주기, 햇빛 관리 등에 대한 구체적인 정보를 제공해 줍니다. 문제가 발생했을 때도 도움을 받을 수 있습니다. 예를 들어 "상추 잎에 하얀 점들이 생겼습니다."라고 말이나 글로 묻고 사진을 함께 올리면, 인공지능은 병충해인지 영양 부족인지 분석하여 그에 따른 해결 방법을 제시합니다.

모두 같을 것입니다. 인공지능은 어르신들의 건강 관리를 여러 가지 방법으로 지원할 수 있습니다.

ChatGPT 4o

당뇨가 있고 관절이 좋지 않은 70대 남성, 체중 80킬로그램 남성을 위한 건강 관리 조언부탁해요

70대 남성, 당뇨와 관절 문제를 겪고 있는 분을 위한 건강관리 조언은 다음과 같습니다. 이 조언은 전반적인 건강을 증진하고 합병증을 예방하며 관절 건강을 개선하는 데 초점을 맞춥니다.

1. 식단 관리

- **당뇨 식단:** 혈당 조절을 위해 탄수화물 섭취를 제한하고, 복합 탄수화물(현미, 통곡물)을 섭취하며, 저혈당지수(GI) 식품을 선택하세요.
- **단백질:** 살코기, 생선, 두부, 콩류와 같은 단백질을 섭취하여 근육 유지 및 관절 보호에 도움을 줄 수 있습니다.
- **오메가-3 지방산:** 관절 염증 완화에 도움이 되는 연어, 고등어, 참치와 같은 생선을 섭취하세요.
- **소금과 설탕 제한:** 혈압과 혈당 조절에 필수적입니다.
- **채소와 과일:** 섬유질이 풍부한 채소(브로콜리, 시금치)와 적당량의 과일을 섭취하세요. 과일은 과도한 섭취를 피하세요.
- **수분 섭취:** 충분한 물을 마시되, 당 함량이 높은 음료는 피하세요.

2. 운동 관리

- **저강도 운동:** 관절에 부담을 주지 않는 운동(걷기, 실내 자전거 타기, 수영)을 추천합니다.
- **스트레칭과 근력 운동:** 관절 주위 근육을 강화하고 유연성을 유지하기 위한 가벼운 스트레칭과 근력 운동을 포함하세요.
- **운동 시간:** 매일 20~30분씩, 주 5일 이상 규칙적으로 운동하세요.
- **물리치료사 상담:** 관절 문제에 따라 적합한 운동법을 안내받을 수 있습니다.

3. 체중 관리

- **목표 체중:** 현재 체중(80kg)에서 점진적으로 5~10% 감량하면 당뇨와 관절 건강에 큰 도움이 됩니다.
- 식이요법과 운동을 병행하여 체중을 줄이고, 급격한 다이어트는 피하세요.

4. 약물 및 건강 관리

- **당뇨 약물:** 처방받은 약물을 규칙적으로 복용하고, 혈당 수치를 자주 확인하세요.
- **관절 관리:** 필요하다면 진통제나 관절염 약물을 사용하되, 의사의 지시에 따르세요.
- **정기 검사:** 혈압, 혈당, 관절 상태를 정기적으로 확인하세요.
- **보조제 사용:** 글루코사민, 콘드로이틴 같은 관절 건강 보조제를 고려할 수 있습니다. 의사와 상의 후 복용하세요.

5. 생활습관 개선

ChatGPT에게 메시지 쓰기

+ 🌐 ⇆ GPT-4o

건강 도우미. 인공지능은 혈압과 혈당, 체온과 같은 건강 상태를 매일 확인하고 기록하는 데 도움을 줄 수 있습니다.

매일 건강 체크하기

인공지능은 어르신들의 혈압, 혈당, 체온과 같은 건강 상태를 매일 확인하고 기록하는 데 도움을 줄 수 있습니다. 예를 들어 "오늘 혈압이 조금 높으십니다. 잠시 휴식을 취하시고 다시 한번 재 보시는 것이 어떨까요?"와 같이 친절한 조언이 가능합니다. 또한, 이렇게 기록된 건강 정보를 담당 의사에게 전송할 수도 있습니다.

적절한 운동 추천하기

어르신들의 건강 상태에 맞는 운동을 AI에게 추천받을 수도 있습니다. 예컨대, "걷기가 어렵다면 앉아서 할 수 있는 체조를 시작해 보십시오.", "오늘은 날씨가 좋으니 가벼운 산책을 권해드립니다."와 같은 제안을 해 줍니다. 관절에 무리가 가지 않도록 스트레칭이나 근력 운동 방법도 안내받을 수 있습니다.

식단 관리 지원하기

어르신들의 건강을 위해 적합한 음식을 추천하거나 피해야 할 음식을 알려드릴 수 있습니다. 예를 들어 "아침 식사로 단백질이 풍부한 계란을 드셔 보십시오.", "나트륨 섭취를 줄이시는 것이 좋습니다."와 같은 조언을 드립니다. 또한, 특정 질환에 적합한 식단을 제안할 수도 있습니다.

응급 상황 대처하기

어르신들께서 갑작스럽게 어지러움을 느끼시거나 몸 상

태가 나빠졌을 때, 인공지능은 즉각적으로 도움을 줄 수 있습니다. 예를 들어 "어지럽습니다."라고 말씀만 하시면 가족에게 연락하거나 119에 신고할 수 있도록 지원합니다. 간단한 응급 처치 방법도 안내받을 수 있습니다.

일상생활 지원하기

스마트폰이나 TV 같은 전자기기 사용법을 쉽게 설명해 드릴 수도 있습니다. "리모컨의 버튼이 헷갈립니다.", "휴대폰으로 사진 찍는 방법을 알려주세요."와 같은 질문에 대해 상세히 설명해 드립니다.

말벗 역할 수행하기

어르신들이 외로움을 느끼실 때, 인공지능은 함께 대화를 나누며 좋은 말벗이 되어드립니다. 예를 들어 "오늘 기분은 어떠십니까?", "옛날 이야기를 들려주십시오."와 같은 대화를 통해 즐거운 시간을 보낼 수 있습니다. 특히, 심도 있는 대화가 가능한 고급 음성 모드를 활용하면 더욱 깊이 있는 이야기를 나눌 수 있습니다.

치매 예방 활동 지원

간단한 퀴즈나 게임을 통해 두뇌 활동을 지원할 수 있습니다. 예를 들어 "오늘의 단어 맞추기", "숫자 기억하기 게임"과 같은 활동으로 치매 예방에 도움을 받을 수 있습니다.

맞춤형 건강 관리 프로그램

인공지능은 어르신들의 연령과 건강 상태에 맞는 구체적인 조언을 제공합니다. 이를테면, "오늘은 날씨가 좋으니 10분 정도 가벼운 산책을 해 보십시오."와 같이 실시간 상황에 맞는 활동을 추천합니다.

어르신들의 몸 상태를 세심히 고려하여 관절이 불편하신 분들께는 앉아서 하는 체조를, 걷기가 가능한 분들께는 적합한 산책 코스를 제안합니다. 또한, 혈압이나 혈당을 지속적으로 모니터링하여 위험 상황을 예방할 수 있도록 안내합니다.

실용적인 일상 조언 제공

일상생활에서 실천할 수 있는 활동도 안내합니다. 가령 "TV를 보실 때 발목 돌리기 운동을 해 보십시오.", "식사 시 천천히 꼭꼭 씹어 드십시오."와 같은 쉬운 실천 방법을 제공합니다. 어려운 의학 용어 대신 이해하기 쉬운 언어로 설명하며, 필요할 경우 반복해서 안내할 수 있습니다.

이와 같이, 인공지능은 어르신들의 건강을 지키고 생활을 편리하게 만들어 드리는 든든한 도우미로서의 역할을 합니다. 매일 건강하고 즐거운 삶을 누리실 수 있도록 세심하고 친절하게 지원해 드립니다.

어르신 건강 관리를 위한 프롬프트(질문) 예시

- "저는 67세 여성입니다. 무릎 관절이 약해서 격렬한 운동은 어려운데, 실내에서 할 수 있는 안전하고 부드러운 운동을 알려주세요. 특

히 균형감각 향상에 도움이 되는 운동으로 추천해 주세요."

- "고혈압과 당뇨가 있는 70세 노인입니다. 혈압과 혈당 관리에 좋은 식단을 알려주세요. 특히 한식 위주로 차근차근 설명해 주면 좋겠습니다."

- "아침마다 관절이 뻣뻣하고 통증이 있는데, 침대에서 일어나기 전에 할 수 있는 간단한 스트레칭을 알려주세요. 무리하지 않고 천천히 할 수 있는 동작으로 부탁합니다."

- "65세 남성입니다. 최근 기억력이 전보다 떨어지는 것 같아 걱정인데, 치매 예방을 위해 일상생활에서 실천할 수 있는 두뇌 활동과 생활 수칙을 알려주세요."

- "밤에 자주 화장실에 가서 숙면을 취하기 어려운데, 수면의 질을 개선하기 위한 저녁 시간대 생활 수칙과 취침 전 루틴을 알려주세요. 나이는 73세입니다."

- "저는 68세인데 최근에 낙상을 경험했습니다. 집 안에서 낙상 사고를 예방하기 위한 환경 정리 방법과 일상적으로 할 수 있는 균형 잡기 운동을 알려주세요."

- "71세 노인입니다. 혼자 살면서 건강한 식사를 하고 싶은데, 영양가 있으면서도 간단히 만들 수 있는 1인 분량의 식사 메뉴를 알려주세요. 특히 단백질 섭취에 신경쓰고 싶습니다."

- "66세 여성입니다. 골다공증 예방을 위한 운동과 식사 관리법을 알려주세요. 칼슘과 비타민D 섭취를 위한 식품 추천도 함께 부탁합니다."

- "69세입니다. 손주들과 함께할 수 있는 가벼운 신체 활동이나 운동을 추천해 주세요. 세대 간 소통도 하고 건강도 챙길 수 있는 활동이면 좋겠습니다."

- "72세 노인입니다. 더운 여름철/추운 겨울철에 건강관리를 위해 특별히 신경 써야 할 점들을 알려주세요. 온도 변화에 민감한 나이라 걱정됩니다."

이처럼 인공지능은 어르신들의 건강하고 행복한 삶을 돕는 보조자로서 실용적이고 안전한 조언을 제공합니다. 무엇보다 어르신들의 건강에는 가족들의 관심과 사랑이 가장 중요하다는 점을 기억해야 합니다.

2부
AI활용법UP1
외국어활용

외국어 장벽 뛰어넘기(번역 통역에 인공지능 활용). 인공지능은 지구 역사상 존재했거나 현재 존재하는 모든 언어 상호 간의 통역 및 번역이 가능합니다. 이제 언어 장벽은 완전히 소멸되었다고 평가할 수 있습니다.

3장

외국어 장벽 뛰어넘기
(번역 통역에 인공지능 활용)

인공지능은 지구 역사상 존재했거나 현재 존재하는 모든 언어 상호 간에 통역 및 번역이 가능합니다. 이제 언어 장벽은 완전히 소멸되었다고 평가할 수 있습니다.

1. 놀라운 외국어 번역 능력

인공지능은 외국어를 우리말로, 또는 우리말을 외국어로, 나아가 외국어를 다른 외국어로 변환하는 작업을 매우 잘 수행하고 있습니다. 번역 품질이 매우 뛰어나며, 사람이 작성한 것처럼 자연스러운 결과를 보여줍니다. 구체적으로 살펴보겠습니다.

가장 큰 장점은 번역 속도가 매우 빠르다는 점입니다. 몇 십초 만에 긴 문서도 번역할 수 있어 외국어로 작성된 글을 이해하는 데 매우 유용합니다. 예컨대, 영어로 된 유튜브 영상의 자막이나 외국 뉴스 기사를 빠르게 이해할 수 있습니다.

인공지능은 방대한 언어를 지원합니다. 영어, 일본어, 중국어 같은 흔히 접하는 언어뿐 아니라 스페인어, 프랑스어, 독일어, 러시아어 같은 다양한 언어도 번역할 수 있습니다. 심지어 사용이 중단된 고대 라틴어, 중세 보헤미아어, 크메르어, 스리랑

카어와 같은 언어까지도 학습되어 있다면 번역이 가능합니다.

최근의 인공지능은 문맥까지 이해하려는 능력을 발전시키고 있습니다. 전체 문장의 의미를 파악하여 자연스러운 번역 결과를 제공합니다. 의학, 법률, 기술 문서 등 전문적인 분야에서도 정확성을 높여 가고 있어 기존 번역기와는 차별화된 성능을 보이고 있습니다.

또한, 번역 요청 시 분위기, 어조, 톤을 지정할 수 있습니다. 예를 들어 부드러운 문장으로, 쉬운 문장으로, 또는 전문가 용어를 활용한 번역 등 다양한 요구를 충족할 수 있습니다.

실시간 대화 번역도 지원됩니다. 외국인 친구와 채팅하거나 음성으로 대화할 때 실시간으로 번역해 주는 서비스도 제공됩니다. 이는 언어 장벽 없이 원활한 소통을 가능하게 합니다.

교육에서도 인공지능은 중요한 역할을 합니다. 외국어를

인공지능은 방대한 언어 지원. 영어, 일본어, 중국어 같은 흔히 접하는 언어분 아니라 스페인어, 프랑스어, 독일어, 러시아어 같은 다양한 언어도 번역할 수 있습니다. 심지어 사용이 중단된 고대 라틴어, 중세 보헤미아어, 크메르어, 스리랑카어와 같은 언어까지도 학습되어 있으면 번역합니다.

학습할 때 모르는 단어나 문장을 바로 확인할 수 있고, 자신이 작성한 글의 문법과 표현이 올바른지 검토할 때도 유용합니다.

인공지능 번역 기술은 계속 발전 중이며, 가까운 미래에는 통역사만큼 자연스럽고 정확한 번역을 제공할 수 있을 것입니다. 이를 통해 세계 각국의 문화와 지식을 이해하는 데 큰 도움을 받을 것으로 기대합니다.

2. 일상생활에서 보편적 활용

외국 브랜드 제품의 사용설명서를 이해하는 데 인공지능을 활용할 수 있습니다. 화장품의 성분표, 옷의 세탁 방법, 전자제품의 사용법 등을 번역받아 쉽게 이해할 수 있습니다.

해외 직구 시 상품 설명이나 외국어 리뷰를 번역하여 안전하게 쇼핑할 수 있습니다. 배송 상태 알림도 바로 이해할 수 있습니다.

외국 요리 레시피도 정확히 번역됩니다. 예를 들자면, "Simmer for 20 minutes on low heat."는 "약불에서 20분간 졸이세요."라는 뜻으로 번역됩니다. 요리 과정에서 사용되는 전문 용어도 쉽게 설명받을 수 있습니다.

외국 노래의 가사 번역이나 발음 연습에도 인공지능이 도움을 줍니다. 어려운 발음을 천천히 알려주며 학습을 지원합니다.

온라인 게임에서 외국 친구들과의 채팅에도 유용합니다. 예를 들어 "Let's go to the secret base!"라는 메시지가 "비밀 기지로 가자!"로 번역되어 자연스럽게 대화할 수 있습니다.

역사적 장소에서의 안내문도 판독 가능합니다. 이를 테면,

사라나트 녹야원에서 여러 언어로 새겨진 부처님 첫 설법 내용의 안내문을 번역하여 각국 언어의 표현 차이를 이해할 수 있습니다.

3. 인공지능 번역으로 전세계 수출하는 대한민국 소상공인

최근에는 소규모 가게나 공장을 운영하는 사업자들도 인공지능의 도움을 받아 전 세계의 고객들과 소통할 수 있게 되었습니다. 특히 제품 설명서를 여러 언어로 쉽게 번역할 수 있게 된 점이 큰 변화로 자리 잡았습니다. 어떤 점들이 개선되었는지 자세히 살펴보겠습니다.

제품 설명서 번역의 간소화

과거에는 번역 회사에 의뢰하면 번역 비용이 높고 시간도 오래 걸렸으나, 이제는 인공지능을 활용하여 단시간에 여러 언어로 번역할 수 있습니다. 예를 들어, 전통 된장을 생산하는 사업자가 된장의 특징과 사용법을 한국어로만 작성하면, 인공지능이 이를 영어, 일본어, 중국어 등 필요한 모든 언어로 1분 이내에 번역해 줍니다.

SNS를 활용한 홍보의 편리성

인스타그램이나 페이스북과 같은 SNS에 제품 소개글을 게시할 때, 여러 언어로 번역된 설명을 함께 올릴 수 있습니다. 이를 통해 외국인 고객들도 제품에 관심을 가질 수 있습니다. 예를 들자면, 손뜨개 장갑을 제작하는 사업자는 장갑의 특징과 재료를 다양한 언어로 소개할 수 있습니다.

다국어 자막 지원 동영상 제작

제품 사용 방법을 설명하는 동영상에 여러 언어의 자막을 추가할 수 있습니다. 유튜브에 게시된 영상에 인공지능이 번역한 자막을 삽입하면 전 세계 사람들이 내용을 쉽게 이해할 수 있습니다. 예를 들어, 지역 베이커리에서 빵을 만드는 과정을 전 세계인들에게 보여줄 수 있게 되었습니다.

외국인 고객과의 원활한 소통

외국인 고객이 메시지를 보내거나 댓글을 남길 때 인공지능이 실시간으로 번역을 제공하므로, 대화가 훨씬 수월해졌습니다. 제품 주문 시의 문의나 배송 관련 질문에도 언어 장벽 없이 신속히 대응할 수 있습니다.

다국어 쇼핑몰 및 웹사이트 구축

인공지능 번역 도구를 활용하면 쇼핑몰 웹사이트를 다국어로 제작할 수 있습니다. 이를 통해 더 많은 해외 고객이 웹사이트를 방문하고, 제품 상세 정보와 구매 방법을 각국의 언어로 안내받을 수 있습니다.

거래 중 문제 해결

거래 중 문제가 발생해도 인공지능의 도움으로 정확하게 상황을 전달할 수 있습니다. 예를 들면, "제품 색상이 주문한 것

5. AI와 실전 외국어 회화 연습

최근에는 인공지능을 활용하여 실전 회화 연습을 하는 학생들이 늘어나고 있습니다. 이러한 방식은 마치 원어민 친구와 대화하는 듯한 학습 환경을 제공합니다.

언제 어디서나 학습 가능

가장 큰 장점은 시간과 장소의 제약이 없다는 점입니다. 학원이나 전화 회화 수업은 정해진 시간과 장소에 맞춰야 하지만, 인공지능은 새벽이든 한밤중이든 사용자가 원할 때 언제든 대화가 가능합니다. 갑자기 떠오른 궁금증이나 연습하고 싶은 표현을 바로 연습할 수 있는 환경을 제공합니다.

실전 회화 연습의 구체적인 방법

예를 들어, ChatGPT의 음성 모드를 켠 후 "한국의 최근 수출 동향에 대해 영어로 질문해 주세요."라고 요청하면, 인공지능은 "What do you think about Korea's recent export performance?"와 같은 질문을 제시합니다. 사용자는 이에 영어로 답변을 연습할 수 있습니다.

답변이 끝나면 인공지능은 이를 꼼꼼히 검토하고 수정해 줍니다. 예를 들어, "You used 'increase' but in this context, 'rise' would be more natural."처럼 더 자연스러운 표현을 제안하거나, 문법적인 오류를 친절히 교정해 줍니다.

중국어 학습에서도 마찬가지로 활용할 수 있습니다. "한국의 관광 산업에 대해 중국어로 질문해 주세요."라고 요청하면,

인공지능이 중국어로 질문을 던지고, 사용자가 중국어로 답변한 내용을 발음과 어법 측면에서 점검해 줍니다.

자유로운 주제 선택

사용자는 관심 있는 주제를 자유롭게 선택하여 대화할 수 있습니다. 경제, 문화, 스포츠, 환경 문제 등 다양한 주제에 대해 대화하며 관련 전문 용어를 자연스럽게 배울 수 있습니다.

편안한 학습 환경 제공

실수를 두려워하지 않고 편안하게 연습할 수 있다는 점도 장점입니다. 원어민과 대화할 때는 실수에 대한 두려움이 있을 수 있지만, 인공지능과의 대화에서는 이런 부담 없이 연습할 수 있습니다.

이와 같은 학습 방법은 외국어 실력을 점진적으로 향상시키는 데 매우 효과적입니다. 관심 있는 주제를 통해 전문적인 표현을 자연스럽게 익히는 동시에, 시사적인 내용을 학습하며 국제 정세에 대한 이해도 높일 수 있습니다.

6. 해외여행에서 인공지능 통역과 번역 기능

태국 여행 중 길거리 음식점에서 메뉴판을 보았는데, 태국어로만 작성되어 있다고 가정해 봅시다. 이때 인공지능을 활용하여 메뉴판을 사진으로 찍어 업로드하고 한국어 번역을 요청하면, 즉각적으로 번역 결과를 제공받을 수 있습니다. 더 나아가 "이 음식은 매운 음식입니다.", "이 음식에는 땅콩이 포함되어 있습니다."와 같은 추가 정보도 제공받을 수 있습니다. 심지어 메뉴 중 한국인의 입맛에 적합한 음식 세 가지를 추천해 달라는 요청도 가능합니다.

해외여행에서 인공지능은 통역과 번역 기능을 한다.

호텔에서 수건이 추가로 필요할 경우 "Could you please bring more towels to room 305?"와 같은 문장을 제공받을 수 있으며, 욕실 수도꼭지가 고장났을 때도 "The faucet in my bathroom is broken."이라는 표현을 알려줍니다.

조지아, 아르메니아, 터키와 같은 낯선 나라에서의 활용

최근 코카서스 산맥 주변 국가로의 여행이 인기를 끌고 있습니다. 인공지능 덕분에 조지아, 아르메니아와 같은 국가에서도 보다 쉽게 여행할 수 있습니다. 현지 언어를 전혀 알지 못하더라도 스마트폰 하나만 있으면 현지인들과 자유롭게 대화할 수 있습니다.

예를 들어, 조지아의 작은 시장에서 과일을 구매할 때 상인이 조지아어로 가격을 말하면, 인공지능 번역기를 활용해 이를 한국어로 즉시 번역할 수 있습니다. "이 포도는 1kg에 5라리(조지아 화폐)입니다."와 같은 번역 결과를 통해 홍정도 할 수 있어 매우 편리합니다.

아르메니아의 시골 마을에서 민박을 할 때도 인공지능은 유용한 도구가 됩니다. 예를 들어, 할머니 호스트가 아르메니아어로 아침 식사 시간이나 온수 사용법을 설명하면, 이를 쉽게 이해할 수 있습니다. 심지어 현지 요리 레시피도 상세히 물어볼 수 있어 여행 중 새로운 경험을 더욱 풍부하게 만듭니다.

터키의 지방 도시를 여행할 때도 인공지능은 유용합니다. 길을 잃었을 때 현지인에게 길을 물으면 터키어를 즉시 번역하여 정확한 정보를 제공받을 수 있습니다. 버스 터미널의 시간표를 볼 때 인공지능과 연동된 스마트폰의 카메라로 터키어 안내문을 비추면 바로 한국어 번역 결과가 나타나므로, 여행 계획을 보다 원활히 진행할 수 있습니다.

현지 음식점과 관광지에서의 활용

현지 음식점에서 메뉴판을 번역할 때도 유용합니다. 이해하기 어려운 현지 언어로 된 메뉴판을 스마트폰의 카메라로 비추기만 하면, 어떤 재료로 만들어진 음식인지 정확히 알 수 있습니다. 이를 통해 알레르기가 있는 재료를 피하거나, 개인의 취향에 맞는 음식을 선택할 수 있습니다.

박물관이나 유적지에서는 안내판의 내용을 번역받아 가이드 없이 유적지의 역사와 의미를 자세히 알 수 있습니다. 때로는 현지 가이드보다 더 상세한 정보를 제공받을 수도 있습니다.

택시와 약국에서의 활용

택시를 이용할 때도 인공지능 통역 기능을 통해 요금 흥정이나 목적지 설명을 원활하게 진행할 수 있습니다. 바가지요금 걱정 없이 이동이 가능합니다. 또한, 약국을 방문할 때 증상을 정확히 설명하여 필요한 약을 구입할 수 있습니다.

언어 장벽을 넘는 여행

인공지능의 도움으로 이제는 언어가 전혀 통하지 않는 나라에서도 두려움 없이 여행을 즐길 수 있습니다. 현지인들과 깊이 있는 대화를 나누며, 그 나라의 문화와 일상을 더 자세히 경험할 수 있습니다. 이러한 경험은 여행을 더욱 풍성하고 즐겁게 만들어 줍니다.

여러분도 인공지능 통역기를 여행 동반자로 삼아 새로운 여행지에 도전해 보는 것은 어떨까요? 언어의 장벽 때문에 망설였던 여행지에도 이제는 자신 있게 도전할 수 있습니다. 예를 들어, 해외 유적지나 교통 안내판의 내용을 사진으로 찍어 업로드하면, 전 세계의 모든 언어를 한국어로 번역해주는 서비스를 받을 수 있습니다. 인공지능을 활용하여 더 편리하고 즐거운 여행에 나서 볼 것을 추천합니다.

7. 동시통역의 효과적인 방법

외국인과 대화할 때 인공지능의 도움을 받으려면 어떻게 요청하는 것이 효과적일까요? 기본적으로는 "지금부터 한국어와 영어 사이의 실시간 통역을 해 주세요."라고 요청하면 됩니다. 구체적으로는 "제가 한국어로 말하면 영어로, 상대방의 영어는 한국어로 번역해 주세요."라고 설명하면 더욱 효율적인 통역이 이루어질 수 있습니다.

격식 있는 자리, 예를 들어 비즈니스 미팅의 경우에는 인공지능에게 다음과 같이 요청할 수 있습니다. "비즈니스 미팅 통역을 부탁드립니다. 전문 용어는 공식적인 표현을 사용하고, 격식 있는 어투로 번역해 주세요."라고 말하면, 상황에 맞는 적절한 통역을 제공받을 수 있습니다.

일상적인 대화에서는 보다 간단하게 요청할 수 있습니다. "편안한 일상 대화 통역을 해 주세요. 현지인들이 자주 쓰는 자연스러운 표현으로 번역하고, 필요한 경우 문화적 설명도 덧붙여 주세요." 이렇게 요청하면 마치 현지 친구와 대화하는 것처럼 자연스러운 통역을 받을 수 있습니다.

마찬가지로 여행 중에는 "여행 중 현지인과의 대화를 위한 통역을 부탁드립니다. 가격 흥정, 길 찾기, 음식 주문 등 여행 관련 상황에 맞게 번역해 주세요."라고 요청하면 좋습니다. 여행지에서 자주 발생하는 다양한 상황에 대해 적절한 통역을 받을 수 있습니다.

세부적인 요구사항도 함께 언급하면 더욱 정확한 통역을 받을 수 있습니다. 예를 들어, "존댓말은 상황에 맞게 조절해 주

- **영화 대본 번역** "이 영화 대본의 대화를 번역하고, 각 캐릭터의 개성을 살려 주세요."
- **정치 연설 번역** "다음 정치 연설을 번역하되, 원래의 수사학적 효과를 유지해 주세요."

ChatGPT는 음성으로 대화할 수 있는 보이스 모드가 있습니다. 이 보이스 모드를 활용하여, ChatGPT를 동시 통역사로 활용할 수 있습니다. 보이스 모드를 켠 다음 다음과 같이 얘기하면 ChatGPT가 통역사 역할을 해 줍니다.

"나는 한국어를 구사하는 한국인이고, 내 앞에는 [○○언어]를 구사하는 [○○외국인]이 있어. 내가 한국어로 말하면 [○○언어]로 번역, 상대방이 [○○언어]로 말하면 한국어로 번역해 줘. 천천히 말하고 천천히 듣게 해 줘."

독일어 통역 설정을 예로 들어보겠습니다. "나는 지금 독일인과 대화를 하고 있어. 너는 지금부터 통역 번역기야. 내가 한국어로 말하면 독일어로 번역, 상대방이 독일어로 말하면 한국어로 번역해 줘. 천천히 느린 스피드로 번역해 줘." 이렇게 말하고 실제 대화를 시작하면 됩니다.

언어 학습 프롬프트

"나는 지금부터 나의 영어회화 선생님이야. 나는 너와 롤플레잉을 하면서 영어회화를 할 거야. 장소는 [장소]이고 너는 [AI 역할]이고 나는 [사용자 역할]이야. 영어회화의 수준은 [초급/중급/고급]이야.", "너는 지금부터 영어 번역기야. 내가 한국어로 말하면 영어로, 내가 영어로 말하면 한국어로 번역해 줘. 천천히 느린 스피드로 번역해 줘." 이렇게 음성 명령을 주어 ChatGPT를 영어 선생님으로 활용할 수도 있습니다. 저는 보이스 보드를 켜고 길거리를 다니면서 눈에 보이는 간판 글자를 전부 영어 단어로, 중국어 단어로 알려달라고 요구하여 외국어 학습을 하고 있습니다.

인공지능으로 외국어를 더 쉽고 재미있게 배울 수 있습니다. 영어, 중국어, 프랑스어 등 원하는 언어의 단어를 자유롭게 학습할 수 있죠. 인공지능이 틀린 표현을 교정하고 자연스러운 표현을 제안하여 학습을 도와줍니다. 특히 인공지능과 실시간으로 대화하면서 자연스럽게 언어를 익힐 수 있다는 게 큰 장점입니다. 카페에서 외국인 친구를 만났을 때 어떻게 대화할지 인공지능과 함께 연습해 볼 수 있습니다. 또한 해외여행을 준비하는 분들은 레스토랑에서 음식을 주문하는 것과 같은 실제 상황을 미리 연습해 볼 수 있어요. 이렇게 인공지능은 우리의 든든한 외국어 학습 파트너가 되어줍니다.

12. 외국어 문자 입력 문제 해결 방법

외국에서 특정 언어의 문자를 입력해야 할 때, 직접 타이핑하기 어렵거나 익숙하지 않은 경우가 있습니다. 예를 들어, 러시아에서 키릴 문자를 입력해야 한다면, 인공지능을 활용하면 매우 간단하게 해결할 수 있습니다.

예를 들어 "모스크바 대학"을 러시아어로 번역해 달라고 요청하면, 인공지능이 키릴 문자로 "Московский университет"라어야 합니다.

- ▪ 사진 안정화　흔들림 없는 사진이 글자 인식률을 높입니다.
- ▪ 글자 명료성　글자가 선명하게 보이도록 사진을 촬영해야 합니다. 흐릿하거나 너무 작은 글씨는 인식이 어려울 수 있습니다.

OCR 기술은 학교 과제, 외국어 공부, 그리고 일상적인 문서 작업에 큰 도움을 줍니다. 그러나, 중요한 문서는 OCR 결과를 한 번 더 확인하는 것이 좋으며, 저작권이 있는 자료를 변환할 때는 관련 법규를 준수해야 합니다.

3. 이미지로 유적지와 역사적인 장소 판독 기능

인공지능은 사진이나 영상을 분석하여 유적지나 역사적인 장소에 대한 정보를 제공합니다. 이는 여행과 공부에 유용하게 활용될 수 있습니다.

사례 1: 유적지 이름과 역사 정보 판독

여행 중에 방문한 유적지의 이름이나 역사적 배경을 모를 경우, 인공지능 앱에 사진을 업로드하면 해당 장소에 대한 정보를 제공합니다. 예를 들어, 인도의 타지마할을 방문한 여행자가 사진을 찍어 인공지능에 업로드하면, "이곳은 인도 아그라에 있는 타지마할로, 무굴 황제 샤자한이 아내를 위해 건축한 무덤입니다."라는 설명과 함께 타지마할이 유네스코 세계유산으로 지정된 이유, 주요 건축 요소 등을 알려줍니다.

사례 2: 박물관 유물 판독

박물관에서 전시된 유물의 설명이 외국어로 작성되어 있을 경우, 인공지능은 사진을 통해 이를 번역하고 상세한 정보를 제공합니다. 예를 들어, 유럽의 고대 로마 유적지에서 기둥에 새겨진 라틴어 문구를 촬영한 여행자는, "이 문구는 로마 시대 법전의 일부로 공공 질서를 유지하기 위한 내용입니다."라는 번역과 함께 유물의 역사적 배경을 추가로 설명받을 수 있습니다.

인공지능은 단순히 정보를 검색하는 것을 넘어, 여행자가 방문한 유적지와 유물의 역사와 의미를 깊이 이해할 수 있도록 돕습니다. 이를 통해 언어 장벽을 허물고, 여행을 더욱 흥미롭고 교육적인 경험으로 만들어 줍니다. 인공지능은 여행 가이드, 통역사, 그리고 역사 선생님 역할을 모두 수행하며, 유적지 탐방의 가치를 한층 높여줍니다. 여러분도 인공지능 기술을 활용해 새로운 장소와 역사를 탐구해 보는 건 어떨까요?

3부
AI활용법 UP2
문서 비즈니스

AI 글쓰기로 글이 풍성. 인공지능은 글쓰기를 더 쉽고 흥미롭게 만들어주는 똑똑한 도구입니다. 다양한 상황과 요구에 맞게 글을 변형하거나 개선하는 데 도움을 줍니다.

5장

인공지능과 글쓰기

1. 글쓰기가 한결 쉽다

인공지능은 글쓰기 과정에서 큰 도움을 줄 수 있습니다. 좋은 글을 쓰기 위해 인공지능과 협력하는 방법을 단계별로 알아보 겠습니다.

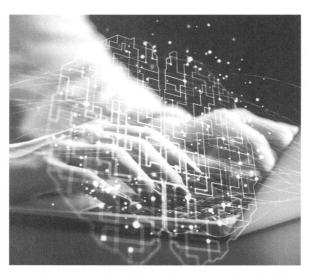

글쓰기가 한결 쉬워진다. 인공지능은 글쓰기 과정에서 큰 도움을 줄 수 있습니다. 좋은 글을 쓰기 위해 인공지능과 협력하는 방법이 중요합니다.

글쓰기 시작: 주제 선정

먼저 글쓰기의 주제를 정하는 것이 중요합니다. 독후감, 일기, 소설, 시 등 어떤 글이든 선택할 수 있으며, 특히 처음에는 자신이 잘 아는 내용으로 시작하는 것이 좋습니다.

글쓰기에 도움을 줄 수 있는 인공지능 도구로는 ChatGPT나 Claude와 같은 프로그램이 있으며, 대부분 무료로 이용할 수 있어 접근성이 뛰어납니다.

인공지능과의 상호작용

인공지능을 활용하는 방법은 매우 간단합니다. 가령, "기후 변화와 2024년 여름에 대해 글을 써 줘."라고 요청하면, 인공지능이 적절한 글을 작성해 줍니다. 더 구체적인 요청을 하면 더욱 정교한 글을 받을 수 있습니다. 예를 들어, "중학생 수준으로 설명해 줘." 또는 "300자 이내로 요약해 줘."와 같은 요구를 추가할 수 있습니다.

활용 가능한 기능

- **아이디어 생성** 글감이 떠오르지 않을 때 도움을 받을 수 있습니다.
- **문법 및 맞춤법 확인** 작성한 글을 수정하거나 개선할 수 있습니다.
- **표현 개선** 더 나은 표현을 제안받아 글의 완성도를 높일 수 있습니다.

주의 사항

인공지능이 작성한 글을 그대로 사용하는 것은 권장되지 않습니다. 대신 이를 참고하여 자신의 생각을 담은 글을 새롭게 작성해야 합니다. 특히 학교 과제나 시험에서는 선생님의 안내를 철저히 따라야 합니다. 글쓰기 실력은 꾸준한 연습을 통해 향상됩니다. 인공지능은 도구일 뿐, 진정한 글쓰기 능력은 스스로 노력을 통해 키워야 합니다. 매일 조금씩 글을 쓰는 습관을 들이고, 인공지능을 활용해 배우며 발전해 나가는 것이 중요합니다. 결론적으로 인공지능은 글쓰기의 유용한 도구이지만, 글에는 자신의 생각과 감정을 진정성 있게 담아내는 것이 핵심입니다. 인공지능과 함께라면 글쓰기가 더욱 풍부하고 즐거운 경험이 될 것입니다.

2. 상황에 딱 맞는 글쓰기

글쓰기는 상황과 대상에 따라 달라질 수 있습니다. 예를 들어, 선생님께 메일을 보낼 때와 친구와 메시지를 주고받을 때는 사용해야 하는 말투가 다릅니다. 인공지능은 이러한 상황에 맞춰 표현 방식을 간편하게 변환하는 데 도움을 줄 수 있습니다.

격식에 따른 글쓰기 예시

격식체 "안녕하세요. 3학년 2반 김민준입니다."
비격식체 "안녕! 나 민준이야!"

인공지능은 이러한 표현을 상호 변환하는 데 유용합니다.

격식체 "이번 과학 발표에 대해 의견을 말씀드리고자 합니다."
비격식체 "과학 발표에 대해 내 생각을 얘기해 볼게!"

공식적 "본 행사의 참가를 희망하시는 분은 신청서를 제출해 주시기 바랍니다."

비공식적 "행사에 참여하고 싶은 친구들은 신청서 내면 돼요~"

정중한 표현 "답변이 늦어 대단히 죄송합니다."

친근한 표현 "늦게 답장해서 미안해.ㅠㅠ"

인공지능 도구에 "이 내용을 친구에게 말하듯 바꿔 줘." 또는 "공식적인 형식으로 바꿔 줘."라고 요청하면 간단히 변환된 결과를 받을 수 있습니다.

주의 사항

글의 형식은 바뀌어도 전달하고자 하는 핵심 내용은 변하지 않아야 합니다. 상황에 맞는 적절한 톤과 스타일을 선택하는 것도 중요합니다. 꾸준히 인공지능과 연습하다 보면 다양한 상황에 맞는 글쓰기 능력이 자연스럽게 향상될 것입니다.

3. 자유로운 톤 앤 매너(Tone & Manner)

글의 내용만큼 중요한 것은 글에 담긴 감정과 톤입니다. 같은 내용도 어떤 톤으로 전달하느냐에 따라 독자가 받는 느낌이 달라질 수 있습니다. 인공지능은 이러한 감정 변화를 손쉽게 도와줄 수 있습니다.

감성적 "봄바람이 내 마음을 살랑이며 지나가고, 꽃잎이 내 가슴에 다정히 내려앉았어요."

논리적 "3월 중순, 평균 풍속 2m/s의 바람이 불었고, 벚꽃 개화율은 50%를 기록했습니다."

다양한 감정 표현

따뜻한 → 차분한

따뜻한 "네가 힘들 때 기댈 수 있는 든든한 어깨가 되어줄게."

차분한 "도움이 필요하시다면 언제든 연락 주시기 바랍니다."

열정적 → 절제된

열정적 "우리 함께 하면 무조건 성공할 수 있어요!"

절제된 "체계적인 계획을 통해 성공 가능성을 높여갈 수 있습니다."

인공지능에게 "이 문장을 더 감성적으로 바꿔 줘." 또는 "논리적으로 표현해 줘."와 같이 요청하면 원하는 스타일에 맞는 글을 쉽게 얻을 수 있습니다.

상황과 목적에 맞는 톤을 선택하는 것이 가장 중요합니다. 친구의 생일 축하 메시지는 따뜻한 감정을 담아야 하지만, 학교 보고서는 논리적인 톤이 필요합니다. 인공지능과 함께 글쓰기 감각을 연습하다 보면, 다양한 톤과 감정을 상황에 맞게 활용하는 능력을 자연스럽게 익힐 수 있습니다. 글의 감성을 바꾸더라도, 글에 담긴 진정성은 잃지 않아야 합니다. 인공지능은 표현을 바꾸는 데 도움을 줄 뿐, 진심을 담는 것은 글쓴이의 몫입니다.

- 어색한 표현을 더 자연스럽게 변경
- 더욱 풍부하고 적합한 표현 제안
- 글 전체를 검토하여 완성도를 높이는 수정

활용 예시

- "이 글의 맞춤법과 문법을 검사해 줘!"
- "문장을 자연스럽게 이어지도록 고쳐 줘!"
- "전체적인 문체를 하나로 통일해 줘!"
- "더 적합한 표현으로 수정해 줘!"

인공지능의 도움을 받으면 여러분의 글이 훨씬 더 세련되고 명료해질 것입니다. 마치 전문 작가의 손길을 거친 것처럼 깔끔하고 읽기 좋은 글로 완성할 수 있습니다. 글쓰기 과정에서 어려움이 있을 때마다 인공지능에게 질문하며 발전시켜 보세요!

9. AI 글쓰기로 글이 풍성

인공지능은 글쓰기를 더 쉽고 흥미롭게 만들어주는 똑똑한 도구입니다. 다양한 상황과 요구에 맞게 글을 변형하거나 개선하는 데 도움을 줄 수 있습니다.

다양한 스타일 적용

- 유머가 필요한 글은 재미있게, 진지한 내용은 차분하게 작성
- 감성적인 표현은 따뜻하게, 논리가 필요한 글은 체계적으로 변환

난이도 조절

- 어려운 내용을 쉽게 풀어서 설명
- 간단한 내용을 전문적으로 확장
- 초급부터 고급 수준까지 글의 난이도 자유롭게 조절

형식과 구조 변경

- 긴 글은 간단히 요약하고, 짧은 글은 풍성하게 확장
- 시간 순서대로 정리하거나, 주제별로 나눠서 구성 변경

상황에 맞는 스타일 선택

- 비즈니스 문서로 공식적인 톤으로 수정
- 학교 과제에 적합한 글로 변환
- 친근한 SNS 게시물 스타일로 재구성

맞춤법과 문법 수정

- 자동으로 맞춤법과 문법을 검사하여 오류 수정
- 문장 간 연결성을 높이고, 전체적인 글의 흐름 개선

활용 예시

- "이 글을 비즈니스 문서 스타일로 바꿔 줘!"
- "친구에게 보낼 메시지처럼 친근한 톤으로 수정해 줘!"
- "짧게 요약해 줘!"
- "전체적으로 확장해서 더 풍성하게 만들어 줘!"

인공지능은 글쓰기의 동반자로서 여러분의 글을 더 창의적이고 풍성하게 만들어 줍니다. 글쓰기 과정이 어렵고 부담스럽게 느껴졌다면, 이제는 인공지능과 함께 즐거운 창작 활동을 시작해 보세요. 글쓰기가 더 이상 도전이 아닌, 흥미로운 경험이 될 것입니다!

6장

인공지능과 토론, 반대관점, 다양한 관점

인공지능은 우리의 훌륭한 토론 파트너가 될 수 있습니다. 어떻게 하면 인공지능과 함께 재미있고 유익한 토론을 할 수 있는지 하나씩 살펴보겠습니다.

인공지능과 토론_반대관점, 다양한 관점. 인공지능은 훌륭한 토론 파트너가 될 수 있습니다. 어떻게 하면 인공지능과 함께 재미있고 유익한 토론을 할 수 있을까요?

1. 인공지능과 토론하면 좋은 점

인공지능과의 토론은 시간에 구애 없이 원하는 때에 시작할 수 있으며, 필요한 경우 중간에 휴식을 취했다가 다시 이어갈 수 있습니다. 또한, 실수나 잘못된 발언을 해도 부끄러워할 필요 없이 편안하게 연습할 수 있고, 난이도가 있는 주제도 부담 없이 시도해 볼 수 있다는 장점이 있습니다. 더불어, 인공지능은 다양한 관점에서 의견을 제시할 수 있어 새로운 시각을 발견하고 균형 잡힌 관점을 기를 수 있는 좋은 기회를 제공합니다.

2. 토론 준비, 진행

토론을 시작할 때는 교복 자율화나 급식실 좌석 지정제와 같은 일상적인 주제부터 시작하여, 청소년 휴대폰 사용 제한이나 AI 기술 발전과 같은 사회적인 주제로 점차 발전시켜 나가는 것이 좋습니다. 토론을 진행할 때는 한 번에 하나의 주제만 다루고, 상대방의 의견을 끝까지 경청하며, 예의 바른 언어를 사용하고, 자신의 주장에 대한 명확한 근거를 제시하는 규칙을 지켜야 합니다.

주제를 제안하고 첫 번째 의견을 제시한 후, 인공지능의 응답을 기다려야 합니다. 대화를 이어갈 때는 인공지능의 의견에 대한 자신의 생각을 공유하고, 더 자세한 설명을 요청하거나 다른 관점에 대해 질문할 수 있습니다. 또한, 깊이 있는 대화를 위해 상대방의 생각에 대한 이유를 묻고, 다양한 상황을 가정하며, 제시된 의견의 장단점을 함께 탐구하는 것이 좋습니다.

대화 중 이해가 되지 않는 부분에 대해서는 즉시 질문하고, 필요한 경우 예시를 요청하며, 반대되는 의견에 대한 설명도 적극적으로 구해야 합니다. 또한, 토론에서는 찬성과 반대 입장을 모두 경험해 보고, 중립적인 위치에서 의견을 조율하는 연습도 해 보는 것이 좋습니다. 마지막으로, 토론 중에 나온 중요한 내용과 새롭게 습득한 정보들을 꼼꼼히 메모하고 정리하여 추후에도 참고할 수 있도록 기록해 두어야 합니다.

3. 주의할 점

정보를 다룰 때는 인공지능도 완벽하지 않다는 것을 인지하고, 최신 정보의 정확성을 의심하며, 중요한 사실은 반드시 교차 검증을 해야 합니다. 또한, 어떤 주제를 접할 때는 한 가지 관점에만 치우치지 않고 다양한 입장을 고려하며, 타인의 의견을 존중하는 자세가 필요합니다. 마지막으로, 소통할 때는 예의 바른 언어를 사용하고, 감정적인 표현을 자제하며, 상대방의 의견을 경청하는 태도를 갖추어야 합니다.

4. 음성 토론까지 가능

ChatGPT의 어드밴스드 보이스 모드는 직접 대화하듯 말로 하는 토론 연습에 유용합니다. 이 모드를 사용하면, ChatGPT와 음성으로 대화하며 토론 주제에 대해 의견을 나누고 자신의 생각을 논리적으로 표현하는 연습을 할 수 있습니다.

예를 들어, "학교에서 휴대폰 사용을 허용해야 할까요?"라는 주제를 정했다고 가정해 보겠습니다. 어드밴스드 보이스 모드를 활성화한 후, 먼저 자신의 입장을 정리하여 ChatGPT에게 말로 설명할 수 있습니다. 사용자가 "저는 학교에서 휴대폰 사용이 허용돼야 한다고 생각합니다. 왜냐하면 휴대폰으로 공부에 도움이 되는 자료를 쉽게 찾을 수 있고, 급한 연락도 할 수 있기 때문입니다."라고 의견을 말하면, ChatGPT는 반대 입장에

디어를 더욱 견고하게 발전시킬 수 있습니다. 비록 처음에는 비판을 받는 것이 불편할 수 있지만, 이러한 과정을 통해 더 나은 결과를 도출할 수 있습니다. 레드팀의 역할은 우리를 낙담시키는 것이 아니라, 더 나은 방향으로 이끌어주는 것입니다. 여러분도 인공지능 레드팀을 활용해 여러분의 아이디어를 발전시켜 보는 것은 어떨까요?

6. 다양한 관점과 비판적 관점 요청해 보기

어떤 일이건 다양한 관점에서 생각해 보는 것은 매우 중요해요. 인공지능은 이런 작업을 도와주는 훌륭한 파트너가 될 수 있답니다. 어떻게 활용하면 좋을지 구체적인 예시와 함께 알아볼까요? 먼저 실제 사설을 보면서 인공지능과 어떻게 대화를 나눌 수 있는지 살펴보겠습니다.

예시 1: 청소년 휴대폰 사용 제한에 관한 사설

사설 주요 내용

- "청소년들의 과도한 휴대폰 사용은 학습 능력 저하와 수면 부족을 초래하고 있다.
- 따라서 저녁 10시 이후 청소년의 휴대폰 사용을 제한하는 정책이 필요하다."
  - 나 "이 사설의 반대 입장에서 볼 수 있는 관점을 알려주세요."

예시 2: 학교 급식 전면 무상화에 관한 사설

사설 주요 내용

■ "모든 학생에게 무상급식을 제공하는 것은 과도한 재정 낭비다. 저소득층 학생들에게만 무상급식을 제공하고, 나머지는 실비를 받아야 한다."

나 "이 사설의 주장에 대해 다른 관점에서 반론을 제시해 주세요."

인공지능에게 반대 관점의 글을 요청하는 방법

인공지능을 활용하여 반대 관점의 글을 요청할 때는 다음과 같은 방법을 고려할 수 있습니다.

첫째, 구체적인 질문을 하는 것이 중요합니다. 예를 들어, "이 글의 문제점은 무엇인가요?", "다른 관점에는 어떤 것이 있을까요?", "이 주장의 한계는 무엇인가요?"와 같이 명확한 질문을 하면 더 유익한 답변을 얻을 수 있습니다.

둘째, 다양한 측면에서 분석을 요청하십시오. 경제적 측면, 사회적 측면, 교육적 측면 등 여러 관점에서 사안을 분석하도록 요청하면 보다 풍부하고 다각적인 분석이 가능합니다.

셋째, 대안을 함께 요청하는 것도 효과적입니다. 단순히 비판에 그치지 않고, "어떤 대안이 있을까요?", "더 나은 해결책은 무엇일까요?"와 같은 질문을 통해 건설적인 제안을 얻을 수 있습니다.

인공지능을 통해 언론사 사설을 분석할 때는 몇 가지 단계를 따르면 더욱 효과적입니다.

우선, 사설이 전달하려는 메시지를 정확히 파악하는 것이 중요합니다. 글의 핵심 주장이 무엇인지 식별하고, 이를 뒷받침하기 위해 어떤 근거가 제시되고 있는지 꼼꼼히 살펴보아야 합니다.

그다음으로는 반대 입장에서 생각해 보는 시간을 가져야 합니다. 예를 들어, 인공지능에게 "이 주장에 대해 어떤 다른 의견이 있을 수 있나요?" 혹은 "이 문제를 다른 시각에서 보면 어떤 모습일까요?"라고 질문하면 도움이 됩니다.

그 후에는 찾아낸 반대 의견의 타당성을 자세히 검토해야 합니다. 인공지능에게 "그런 의견에는 어떤 근거가 있을까요?"라고 묻거나, 실제로 비슷한 사례가 있었는지 찾아보는 것도 좋은 방법입니다.

마지막으로, 지금까지 수집한 의견을 종합적으로 살펴보는 단계가 필요합니다. 찬성 입장과 반대 입장이 각각 어떤 장점과 단점을 가지고 있는지 비교하고, "이 문제를 더 잘 해결할 수 있는 방법은 무엇일까요?"와 같은 질문을 통해 더 나은 대안을 탐색하는 것을 잊지 말아야 합니다. 이러한 단계별 접근법을 활용하면 사설의 내용을 더욱 깊이 이해하고, 다양한 관점에서 사고할 수 있습니다.

주의할 점도 있습니다. 인공지능의 답변이 항상 완벽하지는 않다는 점을 유념해야 합니다. 특히 최근 사건이나 통계와 관련된 정보는 정확하지 않을 수 있으므로, 중요한 정보는 반드시 다시 확인해야 합니다. 인공지능이 제시하는 반론이나 대안을 무조건 받아들이기보다는, 스스로 생각하고 판단하는 것이 중요합니다. 인공지능은 사고를 돕는 도구일 뿐이며, 최종적인 판단은 인간의 몫입니다.

또한 비판적 시각을 유지하되, 건설적인 방향으로 사고하는 것이 필요합니다. 단순히 반대를 위한 반대가 아니라, 더 나은 대안을 모색하는 과정으로 이해하는 것이 중요합니다. 이러한 방식을 통해 인공지능을 활용하면 다양한 관점에서 사회 문제를 바라보고, 깊이 있는 사고를 할 수 있습니다. 신문 사설을 읽을 때 인공지능과 함께 논의해 보는 것도 좋은 방법입니다.

인공지능과의 토론은 사고의 폭을 넓히고, 더 나은 토론자로 성장하는 데 도움을 줄 수 있습니다. 처음에는 어색하게 느껴질 수 있지만, 꾸준히 연습하다 보면 점차 자연스럽게 토론할 수 있게 될 것입니다. 작은 주제부터 시작해 차근차근 연습하는 것도 추천합니다. 토론은 우리의 사고를 확장시키고, 더 나은 세상을 만드는 데 기여할 수 있는 가치 있는 활동입니다. 이제 인공지능을 활용하여 토론하는 방법을 익혔으니, 이를 바탕으로 더욱 훌륭한 토론자로 성장하시기를 바랍니다. 파이팅!

체적인 예시를 포함해서 쉽게 설명해 주겠어요?"

다음 사항은 주의해야 합니다. 첫째, 인공지능의 요약이 항상 완벽한 것은 아닙니다. 특히 전문적인 내용이나 최신 정보는 직접 한 번 더 확인해 보는 것이 좋습니다. 둘째, 요약에만 의존하지 마세요. 중요한 내용은 원문도 꼭 읽어보는 것이 좋습니다. 요약은 이해를 돕는 보조 도구라고 생각하면 좋습니다. 셋째, 요약된 내용을 그대로 외우기보다는 자신만의 언어로 다시 정리해 보세요. 이렇게 하면 더 잘 이해하고 오래 기억할 수 있습니다.

이렇게 인공지능을 활용하면 어려운 글도 쉽게 이해하고 정리할 수 있습니다. 시험 공부할 때, 발표 준비할 때, 긴 글을 읽어야 할 때 한번 시도해 보는 것은 어떨까요? 여러분만의 효과적인 학습 방법을 찾을 수 있을 것입니다.

2. 회의록을 작성 도우미 기능

회의록을 작성할 때도 인공지능의 도움을 받을 수 있습니다. 녹음된 회의 내용을 회의록으로 정리하는 것은 생각보다 쉽습니다.

우선 인공지능에게 회의록 작성을 요청할 때는 몇 가지 중요한 점을 알려주면 좋습니다. 회의가 어떤 주제로 진행됐는지, 어떤 성격의 회의였는지 설명해 주세요. "이번 회의는 새로운 프로젝트 계획을 세우는 자리였습니다."처럼 구체적으로 알려주세요. 또 어떤 형식으로 정리하면 좋을지도 미리 요청하면 좋습니다.

회의록의 형식도 명확하게 요청하면 좋습니다. 참석자와 주요 안건, 결정사항으로 나누어달라고 할 수도 있고, 시간 순서대로 정리해 달라고 할 수도 있습니다. 특히 중요한 내용은 따로 강조해 달라고 부탁하는 것도 좋은 방법입니다.

인공지능을 활용해 회의록을 작성하면 정말 많은 장점이 있습니다. 무엇보다 시간을 크게 절약할 수 있습니다. 회의 중에 기록하느라 정작 논의 내용에 집중하지 못하는 일도 없어질 것입니다. 게다가 중요한 내용을 놓치지 않고 정확하게 기록할 수 있다는 것도 큰 장점입니다.

하지만 주의할 점도 있습니다. 녹음 품질이 좋아야 정확한 회의록을 받을 수 있습니다. 가능한 조용한 환경에서 녹음하고, 참석자들의 목소리가 잘 들리도록 해야 합니다. 또 민감한 정보가 포함된 경우에는 특별히 주의해야 합니다. 개인정보나 보안이 필요한 내용은 별도로 관리하는 것이 좋습니다.

회의록을 더 잘 작성하기 위해서는 사전 준비도 중요합니다. 회의 전에 목적과 안건을 미리 정리해 두고, 녹음 장비도 미리 테스트해 보세요. 참석자들에게는 녹음한다는 사실을 꼭 알려주는 것이 좋습니다.

회의가 진행되는 동안에는 한 사람씩 차례대로 발언하도록 하면 좋습니다. 특히 중요한 결정을 할 때는 명확하게 언급하세요. 다음에 해야 할 일들도 분명하게 정해 두면 좋습니다.

회의가 끝난 후에는 가능한 빨리 정리를 시작하세요. 인공지능이 작성한 회의록은 꼭 한번 검토하고, 참석자들의 확인도 받아보는 것이 좋습니다. 그리고 필요한 사람들과 바로 공유하

끝난 후, 이 음성은 자동으로 일본어 텍스트로 변환됩니다. 여기에 인공지능 번역 기능을 활용하면 바로 한국어나 영어로 번역할 수 있습니다.

중국어로 진행되는 비즈니스 미팅의 경우도 마찬가지입니다. 회의 내용이 중국어 텍스트로 변환된 후 이를 실시간으로 다른 언어로 번역하여 팀원들과 공유할 수 있습니다. 중국어를 모르는 동료들도 회의 내용을 즉시 이해할 수 있게 되는 것입니다.

독일어나 프랑스어 뉴스를 청취할 때도 유용합니다. 뉴스 내용이 해당 언어의 텍스트로 기록되고, 이를 원하는 언어로 번역하여 읽을 수 있습니다. 어려운 발음이나 빠른 속도로 인해 놓친 부분도 텍스트를 통해 확인이 가능합니다.

실시간 화상 회의에서도 활용도가 높습니다. 예를 들어, 스페인어로 진행되는 회의를 녹음하면서 동시에 텍스트화하고, 이를 바로 번역하여 내용을 확인할 수 있습니다. 마치 통역사가 옆에서 통역해주는 것과 같은 효과를 제공합니다.

또한 러시아어나 이탈리아어처럼 평소 접하기 어려운 언어의 콘텐츠도 쉽게 이해할 수 있습니다. 음성이 텍스트로 변환되고 번역되면서 언어의 장벽을 크게 낮출 수 있습니다.

이런 기능은 다음과 같은 상황에서 특히 유용합니다:

- 해외 온라인 강의 수강할 때
- 다국적 기업의 회의 참석 시
- 외국어 뉴스나 팟캐스트 청취할 때
- 해외 거래처와의 화상 미팅에서

- 외국어 학습 자료로 활용할 때

게다가 변환된 텍스트와 번역문을 나중에 다시 찾아보거나 공유하기도 쉽습니다. 클라우드에 자동 저장되기 때문에 다른 기기에서도 접근할 수 있고, PDF나 텍스트 파일로 내보내기도 가능하답니다.

단, 더 정확한 결과를 위해서는 아래와 같이 하면 좋습니다.

- **가능한 조용한 환경에서 녹음하기**
- **명확한 발음의 음성 선택하기**
- **중요한 내용은 번역문을 한번 검토하기**
- **전문 용어나 고유명사는 따로 메모해 두기**

이렇게 Noted 앱과 인공지능 번역을 함께 활용하면, 언어의 제약 없이 다양한 정보와 지식을 얻을 수 있어요. 글로벌 시대에 정말 유용한 도구가 될 수 있답니다.

6. 외국어 유튜브 콘텐츠를 텍스트로 추출, 한글 요약 방법

외국어 유튜브 콘텐츠를 이해하고 활용하는 여러 가지 방법을 설명드리겠습니다. 유튜브 영상을 재생하면서 Noted 앱 등을 이용해 녹음을 하고, 외국어 음성을 Noted 앱 내에서 자동으로 텍스트로 변환할 수 있습니다. 이렇게 텍스트화된 외국어는 인공지능에 복사하여 붙이면 이를 한국어 등 다양한 언어로 번역이 가능합니다. 중요한 부분에는 태그를 달아둘 수 있어 나중에 다시 찾아보기에도 편리합니다.

4K YouTube Downloader 등의 앱을 사용하면 유튜브에서 음성 파일만 추출하여 다운로드할 수도 있습니다. 이렇게 다운로드한 음성 파일은 Noted 앱을 통해 텍스트로 변환할 수 있습니다.

또한, 많은 유튜브 영상이 제공하는 스크립트를 활용하는 것도 좋은 방법입니다. 영상 아래의 '더보기'를 클릭하면 스크립트를 볼 수 있는데, 이를 복사해 인공지능 번역기에 넣으면 전체 내용을 한 번에 파악할 수 있습니다.

인터넷에는 유튜브 자막을 텍스트 파일로 추출할 수 있는 도구들도 많이 있습니다. SaveSubs는 가장 많이 사용되는 도구 중 하나로, 유튜브 영상의 URL만 입력하면 자막을 텍스트나 SRT 파일로 다운로드할 수 있습니다. 여러 언어의 자막을 동시에 추출할 수도 있으며, 자동 생성된 자막도 활용할 수 있습니다.

DownSub도 편리한 도구입니다. 이 사이트는 유튜브뿐만 아니라 Vimeo 같은 다른 동영상 플랫폼의 자막도 추출할 수 있습니다. 텍스트 형식으로 저장할 수 있으며, 시간 정보도 함께 가져올 수 있습니다.

YouTube Transcript API(application programming interface·애플리케이션 프로그래밍 인터페이스)는 프로그래밍에 익숙한 사용자들을 위한 도구입니다. Python으로 작성된 이 도구를 사용하면 자막을 자동으로 추출하고 처리할 수 있으며, 여러 영상의 자막을 한 번에 가져오는 것도 가능합니다.

YouTube Subtitle Downloader도 많이 사용되는 도구입니다. 이 크롬 확장 프로그램은 버튼 하나로 자막을 다운로드할 수 있으며, 여러 가지 형식으로 저장이 가능하고 사용법도 간단합니다. 이러한 도구들을 활용하면 자막을 텍스트로 저장하여 필요할 때마다 찾아볼 수 있어 매우 편리합니다.

이러한 방법들을 상황에 맞게 선택하여 사용하면 좋습니다. 때로는 여러 도구를 함께 활용하는 것도 가능합니다. 처음에는 시간이 조금 걸릴 수 있지만, 점점 익숙해지면 외국어 콘텐츠를 보다 효율적으로 이해하고 활용할 수 있을 것입니다.

특히 교육 콘텐츠나 전문적인 내용을 다루는 영상을 볼 때는 정확한 이해가 중요하므로 여러 도구를 함께 활용하는 것을 추천합니다. 자동 번역 결과를 전문 용어 사전과 함께 확인하며 공부하면 더욱 효과적일 것입니다. 이러한 다양한 도구와 방법을 활용하면 언어의 장벽을 넘어 더 많은 지식과 정보를 얻을 수 있습니다. 한번 시도해 보는 것은 어떨까요?

7. 신문 기사나 글 제목을 효과적으로 뽑는 방법

제목은 글의 첫인상이자 핵심을 담아내는 중요한 요소입니다. 인공지능에게 제목 추천을 요청할 때는 이렇게 요청하면 좋습니다: "이 글의 핵심 내용을 담아 15자 이내의 제목을 3개 추천해 주세요. 눈에 잘 띄면서도 내용을 잘 전달할 수 있는 제목으로 부탁합니다."

제목의 종류별로 요청하는 것도 좋은 방법입니다. 예를 들어, "스트레이트 기사형 제목", "설명형 제목", "호기심을 자극하는 제목" 등 원하는 스타일을 구체적으로 요청할 수 있습니다.

길이도 중요합니다. 너무 길면 한눈에 들어오지 않고, 너무 짧으면 정보가 부족할 수 있습니다. 보통 10-15자 정도가 적당합니다. 인공지능에게 "한눈에 들어올 수 있는 길이로 만들어 주세요."라고 요청하면 좋습니다.

키워드 중심으로 제목을 뽑는 것도 좋은 방법입니다. "이 글에서 가장 중요한 키워드 3개를 뽑아 제목으로 만들어 주세요."라고 요청하면 핵심을 잘 담은 제목을 받을 수 있습니다.

때로는 여러 가지 버전의 제목이 필요할 수도 있습니다. "같은 내용을 다양한 톤으로 표현한 제목 5개를 추천해 주세요." 라고 요청하면 선택의 폭을 넓힐 수 있습니다.

주의할 점도 있습니다. 너무 자극적이거나 오해의 소지가 있는 제목은 피하는 것이 좋습니다. 인공지능에게 "정확하고 오

글 제목을 효과적으로 뽑기. 글의 제목은 첫인상이자 핵심을 담아내는 중요한 요소입니다. 인공 지능에게 제목 추천을 요청하면 잘 뽑아 줍니다.

해의 소지가 없는 제목으로 추천해 주세요."라고 요청하세요.

특히 뉴스 기사에서는 객관성과 사실성이 중요합니다. "기사의 사실관계를 정확히 전달하는 제목으로 만들어 주세요."라고 요청하면 적합합니다.

또한 대상 독자를 고려하는 것도 중요합니다. "중학생도 이해하기 쉬운 제목" 또는 "전문가를 위한 제목" 등 독자층을 명시하면 더 적절한 제목을 받을 수 있습니다.

검색 엔진 최적화(SEO)를 고려한 제목이 필요하다면, "주요 검색 키워드를 포함한 제목으로 만들어 주세요."라고 요청하면 됩니다.

제목을 뽑을 때 가장 중요한 것은 글의 핵심 내용을 정확하고 간단명료하게 전달하는 것입니다. 인공지능의 추천을 받되, 최종적으로는 글의 성격과 목적에 맞게 선택하거나 수정하는 것이 좋습니다.

마지막으로, 여러 개의 제목 후보를 받아보고 그중에서 선택하는 것을 추천합니다. "비슷한 내용으로 다양한 표현의 제목 5개를 추천해 주세요."라고 요청하면 더 좋은 선택을 할 수 있습니다.

기사나 글의 제목을 뽑을 때 사용할 수 있는 효과적인 프롬프트 예시

- "이 글의 핵심 메시지를 담아 15자 이내의 제목을 3가지 버전으로 추천해 주세요. 1) 스트레이트 기사형 2) 설명형 3) 호기심 유발형으로 각각 만들어 주세요."

- "이 글에서 가장 중요한 키워드 3개를 뽑아 자연스럽게 연결한 제목을 만들어 주세요. 너무 길지 않고 한눈에 들어올 수 있는 길이로 부탁드립니다."

- "대학생들을 위한 SNS 콘텐츠 제목으로 사용하고 싶습니다. 친근하고 공감 가면서도 정보성 있는 제목 5개를 추천해 주세요. 이모티콘도 적절히 활용해 주세요."

- "이 글은 전문가들을 위한 보고서입니다. 객관적이고 신뢰성 있는 느낌의 제목을 3개 추천해 주세요. 주요 수치나 데이터가 있다면 그것도 포함해 주세요."

- "중학생도 쉽게 이해할 수 있는 제목으로 만들어 주세요. 어렵거나 전문적인 용어는 피하고, 일상적인 표현으로 바꿔 주세요. 3개 정도의 다른 버전으로 보여주면 좋겠습니다."

8장

행사 준비에 있어 인공지능 도움받기

여러분은 학교나 동아리에서 행사를 준비한 경험이 있으신가요? 축제, 발표회, 송년회 등 크고 작은 행사를 준비하는 일은 쉽지 않은 과정입니다. 저 역시 얼마 전까지 행사 준비를 할 때마다 여러 가지를 놓친 것은 없는지에 대해 걱정했던 적이 많습니다. 그런데 최근에 인공지능의 도움을 받아보니, 마치 든든한 기획 파트너를 만난 것처럼 느껴졌습니다. 그렇다면 인공지능은 어떤 방식으로 도움이 될 수 있을까요? 지금부터 실제 경험 사례를 통해 함께 살펴보겠습니다.

1. 인공지능 활용한 행사 예시

사례 1: 사내 워크숍 기획

100명 규모의 사내 워크숍을 준비할 때가 있었습니다. 과거 같았으면 이전 행사 자료를 찾아보고 인터넷에서 정보를 검색하느라 많은 시간을 허비했을 것입니다. 하지만 이번에는 인공지능에게 "100명 규모의 1박 2일 워크숍 프로그램 아이디어를 제안해 달라."라고 요청했더니, 시간대별 프로그램 구성부터 팀빌딩 활동 아이디어까지 다양한 제안을 받을 수 있었습니다.

사례 2: 제품 런칭 행사

지난 분기 신제품 런칭 행사에서는 정말로 인공지능의 도움이 컸습니다. "IT 제품 런칭 행사에서 미디어의 관심을 끌 수 있는 방법"을 문의했더니, 제품 시연 순서부터 포토존 설치 위치까지 세세한 조언을 제공받을 수 있었습니다. 특히 "기자들이 SNS에 올리고 싶어할 만한 장면을 연출하라."라는 조언 덕분에 행사 사진이 여러 매체에 소개될 수 있었습니다.

사례 3: 소규모 웨비나 진행

재택근무가 많아지면서 온라인 웨비나를 준비할 일이 많아졌습니다. "50명 규모의 웨비나 진행 시 참여율을 높이는 방법"을 물어본 결과, 실시간 퀴즈 활용법부터 휴식 시간 운영 방법까지 실용적인 팁들을 얻을 수 있었습니다.

2. 체크리스트 작성

안녕하세요. 행사 준비를 하며 무언가 빠뜨린 것 같아 불안했던 적이 있으신가요? 저 역시 늘 그러하였습니다. 크고 작은 행사를 준비할 때마다 "이것도 챙겼는가?", "저것도 확인했는가?"라는 생각에 밤잠을 설치곤 했습니다. 그런데 최근에는 인공지능의 도움을 받아 체크리스트를 작성하면서, 그러한 걱정이 많이 줄었습니다. 제가 경험한 내용을 바탕으로 어떻게 하면 인공지능의 도움을 잘 받을 수 있는지 상세히 알려드리겠습니다.

얼마 전 친구의 결혼식 준비를 도와준 적이 있습니다. 인공지능에게 "결혼식 준비 체크리스트를 만들어 달라."라고 요청했

체크리스트 작성. 인공지능의 도움을 받아 체크리스트를 작성하면 걱정이 많이 줄어
듭니다.

더니 정말 놀라웠습니다. 6개월 전부터 결혼식 당일까지 시기
별로 반드시 챙겨야 할 항목들을 하나하나 짚어 주더군요. 특히
'본식 전날 축의금 보관용 금고 준비'나 '하객용 우산 대여 여부
확인'과 같은 세세한 부분까지 놓치지 않게 도와주었습니다.

　　세미나나 강연 행사를 준비할 때면 늘 무언가 하나씩 깜빡
하게 됩니다. 인공지능에게 "세미나 준비 시 사람들이 자주 깜
빡하는 체크 항목이 무엇인가요?"라고 물어보니 정말 유용한 리
스트를 받을 수 있었습니다. '명찰 목걸이 준비', '연사용 생수 준
비', '응급약품 구비', '예비용 마이크 건전지 준비' 같은 작은 것
들까지 꼼꼼하게 알려줍니다. 특히 '행사 전날 발표자료 최종본
취합'이나 '무선 마이크 배터리 잔량 체크' 같은 항목들은 매우

중요하지만 자주 놓치기 쉬운 것들이었습니다.

　　회사 워크숍을 준비할 때도 인공지능의 도움은 매우 유용했습니다. "50명 규모의 1박 2일 워크숍 준비물 리스트를 작성해 달라."라고 요청했더니, 단순히 숙소 예약이나 식사 준비뿐만 아니라 '팀별 버스 탑승 명단 작성', '객실 배정표 준비', '레크리에이션 소품 목록' 같은 세부적인 부분까지 챙길 수 있었습니다.

　　식사 준비와 관련해서는 조금 더 구체적으로 물어보는 것이 좋았습니다. "뷔페 식사를 준비할 때 체크해야 할 사항"을 물어보니, 단순히 음식 양을 체크하는 것을 넘어 '식음료 알레르기 사전 조사', '채식주의자용 메뉴 준비', '테이블당 적정 인원 배치' 같은 세심한 부분까지 챙길 수 있었습니다. 장소 답사를 갈 때도 인공지능의 조언은 큰 도움이 되었습니다. "실내 행사장 답사 시 체크해야 할 항목"을 물어보니 '콘센트 위치와 수량', '환기 시설 상태', '비상구 위치' 같은 평소에는 놓치기 쉬운 부분들까지 꼼꼼하게 확인할 수 있었습니다.

　　시기별로 나누어 물어보는 것도 체계적이었습니다. 최근에 진행한 학술대회 때는 3개월 전부터 준비를 시작했는데요, 인공지능에게 "3개월 준비 기간이 필요한 학술대회에서 월별로 체크해야 할 사항"을 물어봤더니 매우 체계적으로 정리해 주었습니다.

　　3개월 전에는 장소 섭외와 발표자 모집을 시작하고, 2개월 전부터는 홍보물 제작과 참가자 모집에 집중하며, 마지막 1개월은 세부 프로그램 확정과 케이터링 예약 같은 실무적인 부분을 챙기는 방식이었습니다. 덕분에 시간에 쫓기지 않고 여유롭게 준비할 수 있었습니다.

행사가 끝난 후의 할 일도 잊지 않아야 합니다. 행사가 종료되었다고 해서 모든 일이 끝난 것은 아니기 때문입니다. 인공지능에게 "행사 종료 후 체크리스트를 작성해 달라."라고 요청해 보니, 참가자 설문조사부터 정산, 감사 인사 발송, 후기 작성, 대여 물품 반납까지 꼼꼼하게 정리해 주었습니다. 특히 '협력업

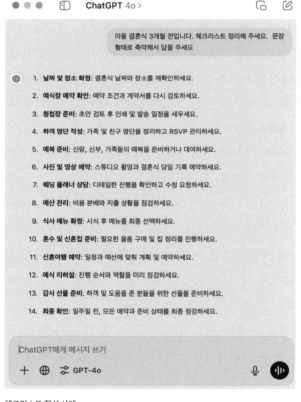

체크리스트 작성 사례.

9장

개인 사업과 인공지능

가게나 온라인 쇼핑몰을 운영하는 것을 꿈꾸십니까? 아니면 이미 작은 비즈니스를 시작하셨습니까? 오늘은 인공지능이 여러분의 비즈니스 성장을 어떻게 도울 수 있는지 알아보도록 하겠습니다. 어려울 것 같지만, 실제로는 생각보다 훨씬 쉽고 재미있습니다.

1. 창업 준비, 창업 결정 단계 도움

아이템 선정 단계

"창업의 첫 걸음은 좋은 아이템을 찾는 것입니다. 30대 직장인 김서준 씨처럼 AI 트렌드 분석을 활용하면 좋습니다. AI는 SNS 데이터, 검색어 트렌드, 뉴스 기사를 분석하여 유망한 사업 아이템을 찾아줍니다. 김서준 씨는 AI 분석을 통해 '건강식 도시락 구독 서비스'라는 틈새시장을 발견하였고, 경쟁사들의 고객 리뷰도 분석하여 차별화 전략을 세웠습니다. AI는 온라인에서 떠도는 수많은 정보를 순식간에 분석하여 의미 있는 인사이트를 제공합니다."

시장성 분석 단계

"이미나 씨의 카페 창업 사례처럼, AI는 정확한 시장 분석의 고수입니다. 시장 규모부터 성장률, 잠재 고객의 규모까지 다양한 데이터를 분석해줍니다. 특히 '이 상권에서는 어떤 연령대가 많이 살고, 어느 시간대에 가장 붐비는지'까지 알려줍니다. 심지어 향후 5년간의 시장 성장률도 예측해 주니 더욱 확신을 가지고 창업을 준비할 수 있습니다."

재무 계획 단계

"분식집을 창업한 박현우 씨는 AI 재무분석 덕분에 탄탄한 사업계획을 세울 수 있었습니다. AI는 비슷한 업종의 데이터를 분석하여 적정 초기 투자금과 예상 수익을 계산해 줍니다. 인건비, 임대료, 재료비 등 모든 비용을 고려하여 손익분기점도 정확하게 알려주니 자금 계획을 세우기가 한결 수월합니다."

입지 선정 단계

"최유진 씨의 애견카페처럼, 요즘은 AI로 상권을 분석합니다. 단순히 유동인구뿐 아니라, 주변 경쟁점, 배후 주거지 특성, 접근성까지 종합적으로 분석합니다. AI는 심지어 '이 위치에서 3년 후 예상 매출액'까지 계산해 줍니다. 배달 권역 설정이나 주차 수요까지 고려하니 입지 선정이 더욱 과학적입니다."

운영 전략 수립

"치킨집 사장님 정민수 씨처럼 AI는 일상적인 운영에도 큰 도움을 줍니다. 필요한 인력과 근무시간을 최적화하고, 재고관리도 스마트하게 해결해 줍니다. AI는 날씨, 요일, 특수일 등을 고려하여 그날의 예상 매출과 필요 재고량을 알려줍니다. 덕분에 운영 효율은 높아지고 낭비는 줄일 수 있습니다."

마케팅 전략 수립

"온라인 쇼핑몰 운영자 한소희 씨의 사례처럼, AI는 마케팅의 신세계를 열어줍니다. 광고 효과를 예측하고, 최적의 타겟 고객을 찾아냅니다. 각 고객에게 맞춤형 상품을 추천하고, 최적의 할인율도 계산해 줍니다. 심지어 '이 고객이 언제 구매할 확률이 가장 높은지'까지 분석하여 알려줍니다."

리스크 분석

"식자재 납품업체 임준호 씨처럼, AI로 위험 관리도 가능합니다. 시장 변동성, 경쟁사 동향, 규제 변화 등 다양한 리스크 요인을 미리 파악하고 대비할 수 있습니다. AI는 여러 시나리오별 대응 전략까지 제시하니 더욱 안정적인 사업 운영이 가능합니다."

성장성 분석

"베이커리 사장님 송지은 씨의 사례처럼, AI는 새로운 성장 기회도 발견해 줍니다. 시장 포화도를 분석하고, 유망한 확장 방향을 제시합니다. 프랜차이즈화 가능성이나 새로운 사업 영역 진출 기회도 파악할 수 있습니다. AI가 분석한 데이터를 바탕으로 더 큰 성장의 발판을 마련할 수 있습니다."

"창업을 시작할 때 가장 먼저 고민되는 것이 사업 형태를 선택하는 일입니다. '개인사업자로 할까, 법인사업자로 할까' 고민될 때 AI가 여러분의 상황을 분석하여 최적의 방안을 제시합니다. 예를 들어 연 매출이 3억 원 이하로 예상되고 직원도 2명 정도라면 개인사업자가 유리할 수 있지만, 향후 투자 유치나 프랜차이즈 확장을 계획한다면 처음부터 법인으로 시작하는 것이 좋다고 조언합니다."

"사업 형태를 정했다면 이제 업종 분류 코드를 찾아야 합니다. 표준산업분류표에서 본인 사업에 맞는 코드를 찾는 것이 생각보다 어려울 수 있습니다. 하지만 걱정 마세요! AI에게 사업 내용을 설명하면 최적의 업종 코드를 추천해 줍니다. 예를 들어 '건강식 도시락을 배달하는 사업'이라고 하면, '즉석식품 제조업'이나 '도시락 및 식사용 조리식품 소매업' 등 관련 코드들을 찾아주고, 각각의 장단점도 설명해 줍니다."

"이제 필요한 서류들을 준비해야 하는데, AI 챗봇이 24시간 상담을 해 주어서 정말 편리합니다. 사업자등록에 필요한 서류들을 체크리스트로 만들어 주고, 각 서류 양식 작성 방법까지 꼼꼼히 알려줍니다. 임대차계약서 작성 시 주의할 점부터 영업신고 필요 여부까지 모두 챙겨줍니다. 서류 작성도 AI가 도와주니 걱정이 없습니다. 사업자등록신청서의 각 항목을 어떻게 채워야 하는지 실시간으로 설명하고, 자주 실수하는 부분도 미리 체크해 줍니다. '상호는 한글로 적어 주세요', '사업장 면적은 공용면적을 제외한 전용면적만 기재하세요' 같은 꼼꼼한 가이드를 받을 수 있습니다."

3. 아이템 선정과 시장분석

"요즘은 AI가 창업의 첫 단추부터 도와준다는 사실, 알고 계셨습니까? 먼저, 아이템 선정부터 시작해 볼까요? 예전에는 직접 발로 뛰면서 시장조사를 했지만, 이제는 AI가 그 수고로움을 덜어줍니다."

"예를 들어 요즘 SNS에서 사람들이 무엇에 관심이 있는지 궁금하다면, AI가 수백만 개의 게시물을 순식간에 분석하여 '지금 가장 핫한 관심사'를 알려줍니다. '요즘 2030세대 사이에서 가정식 밀키트와 건강식품이 자주 언급되고 있습니다' 같은 방식으로요. 실시간 검색기능이 있는 인공지능 혹은 최근까지 학습 자료가 업데이트된 인공지능을 활용하는 것이 좋습니다."

"검색어 트렌드도 흥미로운데요, AI는 사람들이 무엇을 찾고 있는지 시시각각 파악합니다. '작년 겨울에 비해 올해는 홈트레이닝 용품 검색이 30% 늘었습니다. 앞으로도 이 추세가 이어질 것으로 보입니다'며 미래 수요까지 예측해 줍니다. 뉴스 기사도 빠짐없이 체크합니다. AI는 전국의 모든 뉴스를 읽고 '이런 법이 바뀌어서 곧 새로운 사업 기회가 생길 것으로 보입니다' 같은 귀중한 정보를 제공합니다."

"관심 있는 분야의 경쟁업체들이 어떤 평가를 받고 있는지 AI가 꼼꼼히 살펴줍니다. '이 업체는 배송이 느리다는 불만이 많네요', '저 업체는 가격은 비싸지만 품질이 좋다고 하네요' 같은 생생한 정보를 제공합니다."

"이제 시장성을 분석해 볼까요? AI는 과거의 데이터를 바탕으로 시장이 얼마나 커질지 예측합니다. '이 시장은 지난 3년간 매년 20%씩 성장했고, 앞으로 5년간은 연 15% 정도의 성장이 예상됩니다' 같은 방식으로요. 성공과 실패 사례도 꼼꼼히 살펴봅니다. '이 업종에서 성공한 기업들의 공통점은 차별화된 고객 서비스였습니다', '실패한 기업들은 대부분 초기 비용 관리에 실패했습니다' 같은 귀중한 교훈을 제공합니다."

잠재 고객에 대한 분석도 매우 상세합니다. 예를 들어, "이 지역에는 30~40대 맞벌이 부부가 많아 간편식 수요가 높을 것으로 보입니다." 또는 "이 지역 주민들의 연평균 소득 수준이 높아 프리미엄 서비스가 적합할 것 같습니다."와 같이 구체적인 조언을 제공합니다.

소비자 행동 패턴 역시 AI가 파악하여 유용한 정보를 제공합니다. "이 상권의 고객들은 주로 퇴근 시간대에 쇼핑을 하는 경향이 있습니다." 또는 "주말에는 가족 단위의 고객이 많습니다."와 같은 실질적인 팁을 제안합니다.

구매력 분석 또한 가능합니다. AI는 "이 지역 주민들은 식비로 월평균 얼마를 지출하며, 다소 비싸더라도 건강에 좋은 제품을 선호하는 경향이 있습니다."와 같은 유익한 정보를 제공합니다.

하지만 반드시 기억해야 할 점이 있습니다. AI의 분석은 참고 자료일 뿐이며, 최종 결정은 사용자 본인이 내려야 한다는 점입니다. 시장 상황은 끊임없이 변하기 때문에 정기적인 재분석이 필요합니다. 또한, 고객의 니즈는 데이터만으로는 완전히 파악할 수 없는 부분이 있으므로, 현장에서 직접 보고 느끼는 경험도 매우 중요합니다.

4. 고객 관리와 마케팅 이야기

AI 챗봇은 매우 효율적으로 고객 응대를 수행합니다. 예를 들어, 밤늦게 "배송이 언제 되나요?"라는 질문을 하는 고객에게 즉시 답변하고, "교환하고 싶어요."라는 요청도 신속히 처리합니다. 특히 고객의 감정까지 파악하여 대응할 수 있다는 점이 놀랍습니다. 고객이 화가 난 것으로 보이면 더욱 친절하고 공손하게 응대하며, 급한 요청일 경우 더 신속히 해결합니다.

AI는 고객이 남긴 리뷰와 댓글도 철저히 분석합니다. 예를 들어, "이번 달에는 배송 관련 불만이 줄고 제품 품질에 대한 칭찬이 늘었습니다."와 같이 현황을 알려주거나, "이 부분을 개선하면 더 좋을 것 같습니다."와 같은 조언을 제공합니다.

쇼핑몰 운영자들에게는 더욱 유익한 소식이 있습니다. AI는 고객별로 맞춤형 상품을 추천합니다. 예를 들어, "김미영 님은 지난번 구매하신 운동화와 어울리는 양말을 찾고 계실 가능성이 높습니다." 혹은 "이준호 님은 최근 캠핑용품에 관심이 많으십니다."와 같은 맞춤형 추천을 제공합니다. 이는 마치 단골가게 주인이 단골 손님의 취향을 기억하고 제안하는 것과 같은 방식입니다.

마케팅 이야기를 해 보겠습니다. SNS 마케팅이 어렵게 느껴지시나요? AI는 이러한 문제를 해결하는 데 도움을 줍니다. 인스타그램에 적합한 예쁜 게시물을 제작하고, 트렌디한 해시

 나는 연매출 50억대의 의류생산공장을 운영하고 있어요. 우리 의류브랜드를 홍보할 홍보문구 특히 2030 여성 고객층을 대상으로 한 홍보문구 초안을 5개만 만들어 줘요

2030 여성 고객층을 위한 감각적이고 공감될 수 있는 홍보문구를 제안해드리겠습니다:

1. "당신의 일상이 곧 패션이 되는 순간, [브랜드명]이 함께합니다"
   - 일상의 스타일을 중시하는 2030 여성들의 라이프스타일을 반영한 메시지입니다.

2. "완벽하지 않아도 괜찮아, 있는 그대로의 당신이 아름답습니다"
   - 자기 긍정과 본연의 아름다움을 강조하는 현대 여성들의 가치관을 담았습니다.

3. "지속가능한 패션으로 만드는 더 나은 내일, [브랜드명]의 약속입니다"
   - 환경과 윤리적 소비에 관심이 높은 2030 세대의 가치관을 반영했습니다.

4. "트렌드를 따르지 않고 트렌드가 되다, [브랜드명]과 함께하는 당신"
   - 개성과 자기표현을 중시하는 밀레니얼/Z세대의 특성을 반영했습니다.

5. "일할 때도, 놀 때도, 쉴 때도 완벽한 핏. 당신의 모든 순간을 위한 [브랜드명]"
   - 일과 삶의 균형을 중시하는 2030 직장여성들의 라이프스타일에 맞춘 메시지입니다.

이 홍보문구들은 각각 현대 2030 여성들의 다양한 가치관과 라이프스타일을 반영하고 있습니다. 실제 사용하실 때는 귀사의 브랜드 이미지와 타겟 고객층의 특성에 맞게 수정하시면 좋을 것 같습니다. 특정 문구에 대해 더 자세한 설명이나 수정이 필요하시다면 말씀해 주세요.

 ⎙ Copy ↻ Retry 👍 👎

Claude can make mistakes. Please double-check responses.

Reply to Claude... 📎

Claude 3.5 Sonnet ⌄ ⚑ 2

'고객 관리와 마케팅' 사례.

태그를 추천합니다. "요즘 MZ세대는 이런 감성의 이미지를 선호합니다."또는 "이 문구를 사용하면 반응이 좋을 것 같습니다."와 같은 조언도 제공합니다.

광고 문구 작성의 고민도 AI가 덜어줍니다. 계절, 트렌드, 타겟 연령층을 고려한 광고 카피를 제안합니다. 예를 들어, "이번 여름 세일은 이러한 문구를 사용하면 효과적일 것입니다."또는 "2030 여성층을 타겟으로 한다면 이러한 표현이 적합합니다."와 같은 조언을 제공합니다.

이메일 마케팅은 더욱 스마트해졌습니다. AI는 고객이 이메일을 가장 자주 확인하는 시간에 맞춰 이메일을 발송하며, 각 고객의 관심사에 따라 내용을 다르게 구성합니다. 예를 들어, "김상준 님은 오전 8시에 이메일을 가장 많이 확인하십니다." 또는 "최유진 님은 신상품 소식에 관심이 많으십니다."와 같은 정보를 제공합니다.

마케팅 성과 분석 또한 매우 뛰어납니다. 어떤 광고가 효과적이었는지, 어떤 시간대에 반응이 가장 좋았는지, 투자 대비 수익률이 어땠는지를 명확히 보여줍니다. "이번 캠페인은 2030 여성층에서 특히 반응이 좋았습니다." 또는 "다음에는 이러한 방식을 활용하면 더 효과적일 것입니다."와 같은 조언을 제공합니다.

반드시 기억해야 할 점이 있습니다. AI는 도구일 뿐이며, 진심 어린 고객 응대의 기본은 여전히 사람의 마음에서 시작됩니다. 고객의 목소리에 직접 귀 기울이는 노력도 중요합니다.

5. 재무 관리와 운영

먼저, 재무와 회계 이야기부터 시작해 보겠습니다. 다음 달 매출이 얼마나 될지 궁금하신가요? AI는 이를 예측해 줍니다. 예를 들어, "지난 2년간의 데이터를 분석한 결과, 다음 달은 성수기로 매출이 약 20% 증가할 것으로 보입니다. 그러나 원자재 가격 상승으로 지출도 다소 증가할 가능성이 있습니다."와 같이 정보를 제공합니다.

장부 정리는 번거롭고 시간이 많이 걸리지만, 이제 AI가 이를 간편하게 도와줍니다. AI는 통장 내역과 카드 사용 내역을 자동으로 분류하여 깔끔히 정리합니다. "이 지출은 재료비, 저 항목은 인건비, 그리고 이 부분은 운영비로 분류됩니다."와 같이 신속히 정리하고 입력까지 완료합니다.

세금 계산도 어렵고 복잡하지만, AI가 이를 지원합니다. 예를 들어, "이번 분기의 부가세는 이 정도가 될 것으로 보입니다." 또는 "이 항목은 경비 처리가 가능합니다."와 같은 정보를 제공합니다. AI는 신고 기한을 잊지 않도록 미리 알림을 제공하며, 현금 흐름 관리도 효율적으로 돕습니다. "다음 주에 대금 지급일이 몰려 있으니 자금을 미리 준비하십시오." 또는 "이번 달에는 고정비 지출이 다소 많았습니다."와 같은 조언을 제공합니다. 운영 관리 또한 AI의 도움을 받으면 훨씬 수월해집니다.

- **재고 관리** AI는 "이 상품은 추운 날씨에 잘 팔리므로 미리 준비하십시오." 또는 "이 제품은 유통기한이 얼마 남지 않았으니 프로모션을 진행해 보십시오."와 같은 제안을 제공합니다.
- **배송 관리** AI는 교통량, 거리, 배송지 수를 분석하여 최적의 루트를 추천합니다. "이 순서로 배송하면 시간과 비용을 절약할 수 있습니다."라는 방식으로 정보를 제공합니다.
- **일정 관리** AI는 "다음 주 화요일이 가장 바쁠 것으로 예상되니 추가 인력을 배치하는 것이 좋습니다." 또는 "이 작업은 오전에 수행하는 것이 더 효율적일 것입니다."와 같은 제안을 제공합니다.
- **직원 관리** AI는 직원의 업무 효율성과 특성을 분석하여 최적의 인력 배치를 제안합니다. 예를 들어, "김대리는 오전에 업무 효율이 더 높습니다." 또는 "이번 주말에는 숙련된 직원 한 명을 추가 배치

하는 것이 좋습니다."와 같은 조언을 제공합니다.

■ 에너지 관리　AI는 전기, 가스, 수도 사용량을 모니터링하며 "이 시간대에 전기 사용을 줄이면 비용을 절약할 수 있습니다." 또는 "저 기계가 많은 전력을 소모하고 있습니다."와 같은 정보를 제공합니다.

AI와 함께라면 복잡한 재무 관리와 운영도 효율적으로 관리할 수 있습니다. 여러분의 비즈니스에도 AI를 적극적으로 활용해 볼 것를 추천드립니다. 더 궁금한 점이 있으시다면 언제든 문의하세요!

6. AI와 함께하는 똑똑한 의사결정과 연구개발

중요한 사업 결정을 앞두고 고민이 많으신가요? 새로운 제품을 개발하고 싶지만 어디서부터 시작해야 할지 막막하신가요? AI는 여러분의 든든한 파트너가 되어 이러한 문제를 해결하는 데 큰 도움을 줄 수 있습니다.

먼저, 의사결정 지원에 대해 이야기해 보겠습니다. 사업을 운영하며 시장 상황을 정확히 파악하는 일은 매우 중요합니다. AI는 수천 명의 리서처가 동시에 일하는 것처럼 빠르게 시장을 분석하여 보고서를 생성합니다. 예를 들어, "이 시장은 앞으로 5년간 연평균 15% 성장이 예상되며, 특히 환경 친화적 제품에 대한 수요가 증가할 것으로 보입니다."와 같은 통찰력 있는 인사이트를 제공합니다.

투자 결정은 더욱 신중해야 합니다. AI는 다양한 투자 옵션을 비교하고 분석하여 객관적인 조언을 제공합니다. 예를 들어,

"이 설비에 투자하면 2년 내에 원금 회수가 가능할 것으로 보입니다." 또는 "저 상권은 현재 진입하기에는 다소 위험 요소가 있어 보입니다."와 같은 정보를 제공해 줍니다.

사업 확장을 계획할 때도 AI는 매우 유용합니다. 예를 들어, "현재 강남에서 성공하고 있는 매장 콘셉트는 분당에서도 적용 가능성이 높습니다." 또는 "온라인 시장으로 진출할 경우 다음과 같은 전략을 고려해보는 것이 좋습니다."와 같이 구체적인 전략을 제안합니다.

위험 요소 역시 AI가 꼼꼼히 분석하여 알려줍니다. "원자재 가격이 상승할 가능성이 있으니 미리 대비책을 마련해야 합니다." 또는 "이 정도 규모로 확장하면 자금 회전이 어려울 수 있습니다."와 같은 경고를 사전에 제공하여 리스크를 줄일 수 있습니다.

연구개발 이야기를 살펴보겠습니다.

특허 검색은 복잡하고 시간이 많이 소요되는 작업입니다. 그러나 AI는 수많은 특허 문서를 순식간에 분석하여 "이 기술은 이미 특허가 존재합니다." 또는 "이러한 접근 방식이라면 새로운 특허를 등록할 가능성이 높습니다."와 같은 조언을 제공합니다.

AI는 최신 기술 트렌드도 빠르게 파악합니다. 예컨대, "현재 이 분야에서는 친환경 소재가 주요 트렌드로 떠오르고 있습니다." 또는 "경쟁사들은 이 방향으로 기술 개발을 진행 중입니다."와 같은 정보를 제공합니다.

연구 데이터 분석 능력은 더욱 놀랍습니다. 수많은 실험 결과와 시장 데이터를 분석하여 "이 성분의 배합비를 약간 조정하면 더 나은 결과를 얻을 수 있을 것으로 보입니다." 또는 "이 제품의 타겟 고객층을 변경하면 새로운 시장 기회를 창출할 수 있을 것입니다."와 같은 제안을 제공합니다.

신제품 아이디어 발굴에도 AI는 강력한 도구로 작용합니다. 예를 들어, "소비자들의 이러한 불편함을 해결하는 제품은 어떻습니까?" 또는 "기존 제품의 이러한 부분을 개선하면 새로운 시장을 개척할 가능성이 높습니다."와 같은 참신한 아이디어를 제시합니다.

어떠신가요? AI와 함께라면 복잡한 의사결정과 연구개발 과정이 훨씬 수월해지지 않으신가요? 여러분의 사업에서도 AI를 적극적으로 활용하여 더 큰 성과를 이루어 보시기를 바랍니다.

7. 비즈니스 현장에서 바로 사용할 수 있는 프롬프트 30개

- "20대 여성을 타겟으로 하는 패션 브랜드를 기획 중입니다. 2024년 봄/여름 시즌에 주목해야 할 트렌드는 무엇인가요?"
- "동네 피자가게를 운영하고 있는데, 배달 앱에서의 경쟁력을 높이고 싶습니다. 현재 배달 시장의 트렌드와 성공적인 케이스를 분석해 주세요."
- "온라인 쇼핑몰 자동 응답 챗봇용 FAQ를 만들려고 합니다. 가장 자주 묻는 10가지 질문과 그에 대한 친절한 답변을 작성해 주세요."
- "고객이 상품 배송 지연에 대해 불만을 제기했습니다. 상황을 이해하고 공감하면서도 전문적인 느낌이 나는 답변 메시지를 작성해 주세요."
- "신규 고객에게 보낼 웰컴 이메일을 작성하려고 합니다. 따뜻하면

서도 전문적인 느낌으로, 우리 브랜드의 가치를 잘 전달할 수 있는 내용으로 작성해 주세요."

- "여름 시즌 신상품(썬크림)을 소개하는 인스타그램 게시물 문구를 작성해 주세요. 제품의 특징은 백탁 없음, 수분 공급, SPF50+입니다."

- "블랙프라이데이 세일을 알리는 이메일 뉴스레터를 작성해 주세요. 최대 70% 할인, 11월 한 달간 진행, 전 제품 무료배송 혜택이 포함됩니다."

- "유튜브 채널용 뷰티 제품 리뷰 스크립트를 작성해 주세요. 제품은 수분 크림이고, 사용감과 효과를 중점적으로 다루되, 10분 분량으로 준비해 주세요."

- "반려동물 용품 시장에 신제품을 출시하려고 합니다. 현재 시장에서 해결되지 않은 반려인들의 니즈를 분석하고, 유망한 제품 아이디어를 제안해 주세요."

- "우리 카페의 시그니처 메뉴를 개발하려고 합니다. 에스프레소를 베이스로 하되, 다른 카페와 차별화될 수 있는 독특한 메뉴 레시피를 제안해 주세요."

- "친환경 패키지로 전환하려고 합니다. 현재 플라스틱 용기를 대체할 수 있는 친환경 소재 옵션들을 비교 분석해 주세요."

- "10명 규모의 카페 직원 근무 시간표를 만들어 주세요. 평일은 오픈(9시)부터 마감(22시)까지, 주말은 10시부터 22시까지입니다."

- "재고 관리 시스템을 개선하고 싶습니다. 자주 발생하는 재고 문제들과 그에 대한 해결 방안을 제시해 주세요."

- "매장 청결 관리 체크리스트를 만들어주세요. 오픈 전, 영업 중, 마감 시 각각 확인해야 할 항목들을 포함해 주세요."

- "신규 거래처에 보낼 제안서 내용을 작성해 주세요. 우리 회사의 강점과 협력 시 얻을 수 있는 이점을 강조해 주세요."

- "고객이 가격이 비싸다고 합니다. 우리 제품의 프리미엄 가치를 설명하면서 설득력 있게 답변할 수 있는 멘트를 준비해 주세요."

- "연말 시즌 단체 주문 고객을 위한 특별 패키지 상품을 기획해 주세요. 가격대별로 3가지 옵션으로 구성해 주세요."

- "최근 3개월간 받은 고객 리뷰를 분석해서, 가장 많이 언급된 긍정적인 점과 개선이 필요한 점을 추출해 주세요."

- "고객 만족도 조사를 위한 설문지를 만들어 주세요. 서비스 품질, 제품 만족도, 개선점 등을 파악할 수 있는 문항으로 구성해 주세요."

- "단골 고객들의 구매 패턴을 분석해서, 개인화된 상품 추천 전략을 수립하고 싶습니다. 어떤 데이터를 어떻게 활용하면 좋을까요?"

- "신입 직원 교육 매뉴얼을 작성해 주세요. 기본 예절, 고객 응대 방법, 긴급 상황 대처 방법 등을 포함해 주세요."

- "직원 평가를 위한 KPI 항목을 설정하려고 합니다. 서비스직 직원들의 성과를 공정하게 평가할 수 있는 기준들을 제안해 주세요."

- "팀 내 갈등 상황이 발생했을 때 관리자가 사용할 수 있는 중재 대화 스크립트를 작성해 주세요."

- "내년도 사업 계획서를 작성하려고 합니다. 시장 분석, 목표 설정, 실행 전략을 포함한 목차와 주요 내용을 제안해 주세요."

- "온라인 쇼핑몰의 객단가를 높이고 싶습니다. 효과적인 업셀링/크로스셀링 전략을 제안해 주세요."

- "오프라인 매장의 객단가를 높이고 싶습니다. 매장 디스플레이부터 직원 교육까지 포함한 종합적인 전략을 제시해 주세요."

- "식품 관련 불만 접수 시 대응 매뉴얼을 만들어 주세요. 상황별 대처 방법과 고객 응대 스크립트를 포함해 주세요."
- "SNS에서 부정적인 이슈가 확산되고 있습니다. 상황을 진정시키고 우리 브랜드의 입장을 설명하는 성명서를 작성해 주세요."

으로 작성하면 좋을까요?"

4. 글쓰기 개선하기

작성한 문장을 더 매끄럽게 다듬고 싶거나 맞춤법, 문법을 검토하고 싶다면, 인공지능에게 요청할 수 있습니다. 다음과 같은 방식으로 도움을 받을 수 있습니다.

- "내가 작성한 자기소개서 문장을 더 자연스럽게 수정해 주세요."
- "이 부분이 반복적인 것 같은데, 다른 표현으로 바꿔줄 수 있나요?"
- "다음 문장들의 문법이 올바른지 검토해 주세요. 존댓말과 반말이 섞여 있거나 시제가 어색한 부분이 있는지도 확인해 주세요."

5. 최종 점검하기

완성된 자기소개서와 이력서의 전체적인 흐름을 확인하고 싶다면, 인공지능에게 검토를 요청할 수 있습니다. 예를 들어:

- "내 자기소개서가 전체적으로 자연스럽게 연결되어 있는지 확인해 주세요."
- "이력서의 내용이 빠진 부분 없이 잘 정리되어 있는지 점검해 주세요."
- "자기소개서에서 내 장점이 잘 드러나도록 보완할 부분이 있을까요?"
- "이력서의 활동 내용을 더 효과적으로 표현할 방법이 있을까요?"

6. 주의할 점

자기소개서와 이력서를 작성할 때 반드시 주의해야 할 점이 있습니다. 인공지능은 여러분을 돕는 도구일 뿐이며, 작성 내용은 반드시 진실해야 합니다. 인공지능이 제안한 내용이라도 사실이 아닌 정보는 포함하지 않아야 합니다. 또한, 너무 어려운 단어나 과장된 표현을 사용하는 것은 피하는 것이 좋습니다. 자신의 나이와 경험에 맞는 자연스러운 표현이 가장 효과적입니다.

자기소개서와 이력서 작성은 처음에는 어렵게 느껴질 수 있지만, 인공지능의 도움을 받으면서 차근차근 작성해 나가다 보면 자신만의 이야기를 멋지게 표현할 수 있습니다. 중요한 것은 진실된 자신의 이야기를 담는 것이며, 인공지능은 이를 더 잘 정리하고 표현할 수 있도록 돕는 친구 같은 존재입니다.

11장

자녀교육에 인공지능 활용하기

1. 모의 시험문제 출제 요청해보기

인공지능을 활용하여 자녀의 학습을 돕는 모의고사 출제 방법을 설명드리겠습니다. 먼저, 인공지능에게 모의고사 출제를 요청할 때는 구체적인 정보를 제공하는 것이 중요합니다. 학년, 과목, 난이도, 시험 범위 등을 명확히 알려주어야 합니다. 예를 들면 다음과 같습니다.

> "중학교 2학년 과학 교과서 3단원 '물질의 구성'에 대한 서술형 문제 5개를 출제해 주십시오. 각 문제마다 예시 답안도 함께 제시해 주시고, 중간고사 수준의 난이도로 만들어 주십시오."

또한, 문제 유형을 구체적으로 요청하면 더욱 좋습니다. 서술형, 논술형, 단답형 등 원하는 형식을 명확히 지정하십시오. 시험 시간이나 배점도 미리 정해 두면 보다 실전적인 문제를 제공받을 수 있습니다.

예를 들어, 이렇게 요청할 수 있어요:

모의 시험문제 출제 요청해 보기. 인공지능에게 모의고사 출제를 요청할 때는 구체적인 정보를 제공하는 것이 중요합니다.

"다음 조건에 맞는 모의고사 문제를 출제해 주세요:

- 중학교 1학년 국어
- 시험 범위: 1학기 중간고사(1-3단원)
- 객관식 20문항(각 4점)
- 서술형 5문항(각 4점)

이제 프롬프트 예제를 제시하겠습니다.

자기주도 학습 프롬프트:

"안녕하세요! 저는 중학생인데 수학 공부에 대한 흥미가 없어요. 하지만 이과 쪽으로 진로를 생각하고 있어서 수학을 잘하고 싶어요. 스스로 수학 공부를 하고 싶은 마음이 들게 하려면 어떻게 해야 할까요? 제가 좋아하는 건 게임이랑 우주과학이에요. 이런 관심사를 활용해서 수학 공부에 동기부여를 받을 수 있는 방법을 알려주세요!"

학습 게임 프롬프트:

"영어 단어 암기가 너무 어려워요. 매일 30개씩 외우려고 하는데 자꾸 포기하게 돼요. 재미있게 영단어를 외울 수 있는 게임이나 앱을 추천해 주세요. 그리고 혼자서도 할 수 있는 단어 게임 방법도 알려주세요. 전 경쟁하는 걸 좋아하고, 목표를 달성하면 뿌듯함을 많이 느끼는 스타일이에요."

부모-자녀 활동 프롬프트:

"이번 방학에 중1 딸과 함께 의미 있는 시간을 보내고 싶어요. 특히 역사에 대한 흥미를 키워주고 싶은데, 단순히 책을 읽히는 것보다 더 재미있는 방법으로 접근하고 싶어요. 주말마다 2-3시간 정도 함께 할 수 있는 교육적이면서도 재미있는 활동을 추천해 주세요. 우리 딸은 만들기와 그림 그리는 걸 좋아해요."

이렇게 프롬프트를 작성할 때는:

- 현재 상황과 고민
- 개인의 흥미나 관심사
- 가능한 시간
- 선호하는 학습 스타일
- 구체적인 목표

등을 포함하면 더 맞춤형 답변을 받을 수 있어요.

4. 개별과목학습에 인공지능의 도움받기과목별 학습 지원 내용을 설명해 드리겠습니다.

수학/과학 프롬프트 예시:

"중2 과학에서 힘과 운동 단원을 배우고 있어요. 특히 관성 법칙이 어려운데, 집에서 할 수 있는 재미있는 실험이 있을까요? 책상이랑 장난감 자동차는 있어요. 실험 과정도 자세히 설명해 주시고 왜 그런 현상이 일어나는지도 알려주세요!"

국어/사회 프롬프트 예시:

"중학교 1학년인데 역사 공부가 너무 재미없어요. 특히 고려시대 부분이 지금 너무 어려워요. 제가 게임과 웹툰 보는 걸 좋아하는데, 이런 걸 활용해서 고려시대를 재미있게 공부할 수 있는 방법을 알려주세요!"

영어 프롬프트 예시:

"영어 회화 실력을 키우고 싶은 중3이에요. 학교 수업만으로는 부족해서 매일 15분씩 추가 학습을 하려고 해요. 유튜브나 앱을 활용하고 싶은데, 제 취미인 요리나 음악과 연계해서 재미있게 영어를 배우고 싶어요. 어떻게 하면 좋을까요?"

이런 방식으로 각 과목의 특성에 맞춰 학습하면 더 효과적이에요. 특히 자신이 좋아하는 것과 연계해서 공부하면 더 재미있게 배울 수 있답니다.

5. 학습부진 해결과 시험대비에 인공지능의 도움 받기

인공지능의 도움을 받아 더 효과적으로 공부하는 방법을 알려드리겠습니다.

학습 부진 해결 프롬프트 예시:

"중2 수학에서 이차방정식을 배우고 있는데 너무 어려워요. 특히 인수분해가 이해가 안 가요. 제가 중1 때 인수분해 기초를 잘 몰랐던 것 같아요. 아주 쉬운 것부터 차근차근 설명해 주시고, 매일 풀어볼 수 있는 연습문제도 단계별로 추천해 주세요!"

시험 대비 프롬프트 예시:

"2주 후에 중간고사인데 너무 긴장되고 걱정돼요. 특히 국어, 영어, 수학이 걱정인데 남은 2주 동안 효과적으로 공부하는 방법을 알려주세요. 하루에 3시간 정도 공부할 수 있고, 암기과목보다 이해과목이 더 어려워요. 과목별로 시간 분배는 어떻게 하면 좋을까요? 시험 불안감을 줄이는 방법도 알려주세요!"

이렇게 인공지능을 활용하면 혼자 공부할 때보다 더 체계적이고 효율적으로 학습할 수 있어요. 특히 여러분의 상황과 고민을 자세히 설명하면, 더 맞춤형 도움을 받을 수 있답니다.

6. 진로 결정과 인공지능

진로와 적성을 고민할 때 인공지능의 도움을 받으면 더욱 폭넓은 시야로 결정할 수 있습니다. 인공지능은 여러분의 관심사와 적성을 분석하고, 다양한 진로 정보를 제공할 수 있습니다.

컴퓨터/소프트웨어 비교 프롬프트:

"컴퓨터공학과와 소프트웨어학과의 차이점을 설명해 주십시오. 각 학과의 주요 교과목, 졸업 후 진로, 필요한 적성을 비교하여 알려주고, 고등학생이 미리 준비해야 할 것들도 조언해 주십시오."

방학 진로체험 프롬프트:

"이번 방학에 할 수 있는 진로 체험 활동을 추천해 주십시오. 의료 계열 진학을 희망하는 고등학교 1학년 학생입니다. 온/오프라인 활동을 모두 포함하여 제안해 주십시오."

생명과학 진로 프롬프트:

"우리 아이가 생명과학에 관심이 많고 동물을 좋아합니다. 이와 관련된 직업들을 추천해 주시고, 각 직업별로 필요한 역량과 준비 과정을 알려주십시오. 고등학교 때부터 준비해야 할 것들도 함께 조언해 주십시오."

"진로 적성 검사를 했는데 예체능 계열과 이공계 계열이 비슷하게 나왔습니다. 고등학교 2학년 학생으로, 음악을 좋아하며 수학과 과학 성적도 괜찮은 편입니다. 두 분야를 모두 살릴 수 있는 직업이나 공부 방향이 있을까요? 각 방향의 장단점도 분석해 주십시오."

이와 같이 인공지능에게 질문하면 객관적인 시각에서 다양한 정보와 조언을 받을 수 있습니다. 특히 자신의 상황과 고민을 구체적으로 설명하면 더욱 맞춤형 답변을 받을 수 있습니다.

하지만 최종 결정은 반드시 여러분이 해야 합니다. 인공지능은 정보와 조언을 제공하는 역할일 뿐, 여러분의 꿈과 열정을 가장 잘 아는 사람은 바로 여러분 자신이기 때문입니다.

12장

해외여행과 인공지능

해외여행을 더 재미있고 편리하게 만들어 주는 인공지능 활용법을 이야기해 볼까요? 요즘은 인공지능이 정말 똑똑해져서 여행 계획부터 현지 생활까지 다양한 부분에서 우리를 도와줄 수 있답니다.

1. 여행 전 준비하기

여행을 떠나기 전에는 많은 준비가 필요합니다. 인공지능은 든든한 여행 플래너가 되어 여러분을 도와줄 수 있습니다. 예를 들어 다음과 같이 요청할 수 있습니다:

- "이번 여름방학에 도쿄로 4박 5일 여행을 계획 중입니다. 하루 예산은 15만 원 정도입니다. 날씨가 더울 것으로 예상되니, 실내 관광지도 포함하여 일정을 제안해 주십시오."
- "방문하고 싶은 장소는 디즈니랜드, 아사쿠사, 하라주쿠입니다. 이 장소들을 효율적으로 둘러볼 수 있는 동선을 추천해 주십시오."

6. 현지 여행 상황별 프롬프트 예시

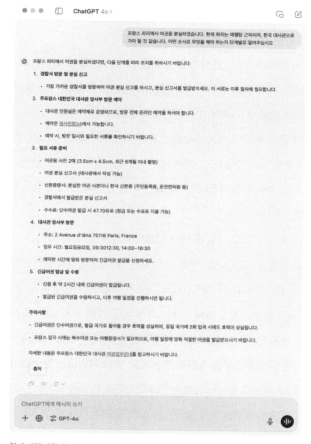

현지 여행 상황별 프롬프트 예시.

- "프랑스 파리에서 여권을 분실하였습니다. 현재 위치는 에펠탑 근처이며, 한국 대사관으로 가야 할 것 같습니다. 어떤 순서로 무엇을 해야 하는지 단계별로 알려주십시오."

- "이스탄불 공항에서 수하물이 분실되었습니다. 항공사는 터키항공

이며 수하물 태그 번호는 TK12345입니다. 클레임 이메일 전문을 작성해 주시고, 현지에서 당장 필요한 생활물품을 해결할 방법을 조언해 주십시오."

- "바르셀로나에서 현지 선불 유심을 구매하려 합니다. 공항, 시내 중심가, 바르셀로나 거리 주변에서 구매 가능한 통신사의 옵션과 데이터 요금 및 가격을 비교하여 알려주십시오."

- "방콕의 짜뚜짝 시장에서 물건을 구매할 때 사용할 수 있는 태국어 표현을 알려주십시오. '이건 너무 비싸요', '할인 가격은 안 되나요?', '최종 가격이 얼마입니까?'와 같은 기본 문구의 현지 발음을 한글로 표기해 주십시오."

- "교토에서 다도 체험을 하고 싶습니다. 영어 가능한 강사가 있는 곳을 찾고 있으며, 다도 체험 시 알아야 할 기본 예절과 과정을 알려주십시오. 한복과 비슷한 기모노 대여가 가능한 곳이면 좋겠습니다."

- "포르투갈 포르토에서 와이너리 투어를 계획 중입니다. 도시 중심부에서 투어 버스로 1시간 이내에 있는 와이너리 중 시음과 점심이 포함된 프로그램을 추천해 주십시오. 영어 가이드는 필수입니다."

- "다음 문장을 베트남어로 번역하고 한글로 발음을 표기해 주십시오:
  – 이 음식에 맹종이가 들어있습니까? 알레르기가 있습니다.
  – 호텔로 가는 가장 안전한 길을 알려주세요. – 영수증을 주십시오."

- "스페인 마드리드의 대중교통에서 자주 보이는 안내 문구 5개를 스페인어 원문, 한글 발음, 한국어 뜻으로 정리해 주십시오. 특히 '내리실 문', '다음 역', '환승' 같은 필수 표현이 포함되면 좋겠습니다."

인공지능은 든든한 여행 도우미가 될 수 있습니다. 하지만 기억하십시오! 인공지능은 도움을 주는 도구일 뿐, 최종적인 판단은 여러분이 내려야 합니다. 또한, 여행의 재미는 예상치 못한 곳에서 나오기도 하니, 가끔은 계획에서 벗어나 자유롭게 발걸음을 옮겨보는 것도 좋습니다. 이제 인공지능과 함께라면 해외여행이 더 이상 두렵지 않을 것입니다. 여러분의 첫 해외여행이 즐겁고 안전한 추억이 되길 바랍니다!

13장

요리·음식·영양에 활용하기

1. 인공지능으로 만나는 새로운 요리와 영양의 세계

인공지능의 도움을 받으면 새로운 요리의 세계를 만날 수 있습니다.

우리는 매일 세 끼 식사를 하면서 "오늘은 무엇을 먹을까?", "이 음식이 나의 건강에 이로울까?"와 같은 고민을 하게 됩니다. 특히 요즘처럼 바쁜 일상 속에서 건강한 식사를 챙기는 것은 쉽지 않은 일이 아닙니다. 그러나 이제 인공지능이 우리의 든든한 요리 파트너이자 영양 상담가로 자리 잡을 수 있습니다.

인공지능은 우리가 상상하는 것보다 훨씬 더 많은 역할을

- 집중 업무 시간이 20% 감소

업무 효율을 위해 격주로 '미팅 없는 날'을 지정하는 건 어떨까요?"

[사례 2]

사용자 "왜 매일 야근하게 되는걸까?"

AI "지난 2주간의 업무 패턴을 보면:

- 오전 9-11시: 메일 확인과 회의 준비로 소비
- 코어타임 중 잦은 중간 미팅으로 업무 단절
- 실제 집중 업무는 17시 이후 시작

오전 8시 출근으로 조정하여 집중 업무 시간을 확보해보는 건 어떨까요?"

[사례 3]

사용자 "나의 업무 효율이 가장 높은 시간대는 언제일까?"

AI "3개월간의 데이터를 분석해보니:

- 오전 10-12시: 창의적 업무 처리량 최대
- 오후 2-4시: 루틴 업무 처리 효율 최고
- 오후 4시 이후: 집중력 저하 구간

중요한 의사결정이나 기획 업무는 오전에 배치하시는 것을 추천드립니다."

다. 업무-휴식 밸런스 체크

[사례]

사용자 "요즘 너무 피곤한데 원인이 뭘까?"

AI "최근 2주간의 패턴을 분석해보니:

- 하루 평균 근무시간: 10.5시간 (권장: 8시간)
- 주말 근무: 3회 발생
- 연속 근무 일수: 12일

이번 주말에는 꼭 휴식을 취하시는 것을 추천드립니다. 다음 주 수요일이 비교적 일정이 여유로운데, 연차 사용은 어떠신가요?"

라. 맞춤형 일정 제안

[사례 1]

사용자 "운동할 시간이 없네…."

AI "현재 일정을 분석해보니, 다음 시간대가 운동하기 적합해 보입니다:

- 화/목 오전 7-8시: 수영장이 한산한 시간
- 수요일 오후 6-7시: 회의 없는 날

출퇴근 시간을 조금만 조정하면 규칙적인 운동이 가능할 것 같아요. 30분 일찍 출근하고 수영하는 건 어떠신가요?"

[사례 2]

사용자 "자기계발 시간을 확보하고 싶어요."

AI "주간 일정을 재구성해보면:

- 월/수 오전 8시: 온라인 어학 강의
- 화요일 점심: 사내 독서모임
- 목요일 저녁: 온라인 화상 강의

출퇴근 시간을 활용하면 효율적인 시간 활용이 가능할 것 같습니다."

사용자 "육아와 업무를 어떻게 병행하면 좋을까요?"

AI "현재 상황을 고려한 제안:

- 코어타임(10-4시) 집중 근무
- 등하원 시간 고려한 유연근무제 활용
- 재택근무 날 활용한 긴급 돌봄 대비

특히 월요일 재택과 수요일 2시 조기 퇴근으로 안정적인 육아 시간 확보가 가능해 보입니다."

마. 자동 일정 요약

[사례 1]

사용자 "이번 주는 어떻게 보냈지?"

AI "이번 주 주요 활동을 요약해드리면:

- 회의 참석: 12시간

    (프로젝트 기획 6시간, 고객 미팅 4시간, 기타 2시간)
- 실제 업무 시간: 23시간
- 이동 시간: 5시간

지난주 대비 회의 시간은 줄었지만, 이동 시간이 2시간 증가했네요."

[사례 2]

사용자 "이번 달 업무 현황이 궁금해요."

AI "3월 한 달간 업무 현황입니다:

- 프로젝트 A: 진행률 75% (목표 80%)
- 신규 고객 미팅: 8회 완료

- 팀 내부 교육: 4시간 진행

전월 대비 프로젝트 진행률은 5% 향상되었습니다."

구체적인 방법에 대해 설명해드리겠습니다.

첫째, 일정 데이터를 인공지능에게 입력, 제공하는 방법에는 두 가지가 있습니다. CSV(Comma Separated Values) 파일로 제공하는 방법과 텍스트로 직접 입력하는 방법입니다. CSV 파일의 경우 날짜, 시간, 일정명, 우선순위 등을 포함한 파일을 만들어 업로드하면 됩니다. 예를 들어 "date, time, event, priority, duration" 형식으로 "2024-11-20, 10:00, 미팅, high, 60" 같은 형태로 작성할 수 있습니다. 구글 캘린더에서 일정을 엑셀 파일 형태로 추출해서 파일을 인공지능에게 전달해도 됩니다.

텍스트로 직접 입력하는 경우에는 자연어로 일정을 설명하면 됩니다. "다음 주 월요일 오전 10시에 팀 미팅, 수요일 오후 2시에 고객 프레젠테이션…." 같은 방식으로 입력할 수 있습니다.

둘째, AI을 통해 받을 수 있는 도움은 크게 일정 분석, 일정 최적화, 패턴 분석으로 나눌 수 있습니다. 일정 분석에서는 시간 충돌 확인, 업무 밀도가 높은 시간대 파악, 여유 시간 확인, 우선순위 기반 조정 제안을 받을 수 있습니다. 일정 최적화에서는 에너지 레벨에 맞는 재배치 제안, 비슷한 성격의 업무 그룹화, 이동 시간을 고려한 최적 배치를 제안 받을 수 있습니다. 패턴 분석에서는 주간/월간 업무 패턴 파악, 생산성이 높은 시간대 분석, 반복되는 비효율적인 패턴을 발견할 수 있습니다.

일정 입력 시에는 날짜와 시간을 명확히 표기하고, 일정의 성격을 구분하며, 우선순위나 중요도를 표시하고, 예상 소요시간을 포함하는 것이 좋습니다. 정기적인 일정은 "매주 월요일 10시 팀 미팅", "매월 첫째 주 금요일 월간 보고"와 같이 패턴으로 입력할 수 있습니다.

또한 업무 성격, 참석자 수, 준비 시간 필요 여부, 에너지 소모 정도와 같은 컨텍스트 정보도 함께 제공하면 더욱 효과적인 분석이 가능합니다. 이렇게 입력된 정보를 바탕으로 시간 충돌 확인, 업무 밀도 분석, 최적의 일정 배치 제안, 효율성 향상을 위한 제안 등을 받을 수 있습니다.

2. 음악 관련 인공지능 활용

가. 음악 분야

인공지능은 다양한 방식으로 활용되고 있는데, 크게 8가지 주요 분야로 나눌 수 있습니다.

첫째로, 인공지능은 음악을 직접 만들어내는 데 활용되고 있습니다. 멜로디나 화성 진행을 생성하고 드럼 비트 패턴을 만들어내며, 심지어 전체 곡을 작곡하기도 합니다. 특정 아티스트의 스타일을 모방하는 것도 가능하다는 점이 주목됩니다.

둘째로, 음악의 편집과 후처리 과정에서도 인공지능은 중요한 역할을 담당합니다. 음질을 개선하고 노이즈를 제거하며, 음성과 반주를 분리하는 작업뿐 아니라 자동으로 믹싱과 마스터링을 수행하거나 음색을 변환하는 작업도 가능합니다.

셋째로, 음악을 분석하는 데에도 인공지능은 큰 역할을 합니다. 곡의 장르를 분류하고 감정이나 분위기를 분석하며, 키와 템포, 코드 진행을 파악하는 데 도움을 줍니다. 또한 유사한 곡을 찾아내거나 표절 여부를 검사하는 데에도 활용될 수 있습니다.

넷째로, 음악 추천 시스템에서도 인공지능은 활약하고 있습니다. 개인화된 플레이리스트를 생성하고 청취 패턴을 기반으로 음악을 추천하며, 상황에 맞는 음악이나 비슷한 장르의 곡들을 제안합니다.

다섯째로, 악보와 관련된 작업에서도 인공지능은 그 활용 범위를 넓히고 있습니다. 음악을 악보로 변환하고, 악보 이미지를 인식하여 디지털화하며, 새로운 악보를 자동으로 생성하거나 파트보를 분리하는 작업도 수행합니다.

여섯째로, 보컬 처리에서도 인공지능이 활용됩니다. 음성을 합성하고 피치를 교정하며, 목소리를 변조하는 것은 물론 가사를 생성하고 이를 멜로디와 매칭하는 작업도 가능합니다.

일곱째로, 실시간 상호작용 분야에서도 인공지능은 점점 더 많이 사용되고 있습니다. 라이브 공연을 보조하고 즉흥 연주에 동참하며, 반주를 생성하거나 제스처를 인식하여 음악을 제어하는 데에도 활용됩니다.

마지막으로, 음악 교육 분야에서도 인공지능은 중요한 역할을 합니다. 개인에게 맞춤화된 연습 프로그램을 제공하고 연주 실력을 평가하며, 실시간으로 피드백을 제공하고 난이도별 교육 콘텐츠를 생성합니다.

나. 수노(SOUNO) AI

수노 AI는 음악 창작 인공지능으로, 누구나 쉽게 음악을 제작할 수 있도록 돕는 서비스입니다. 이 서비스는 다양한 장르의 음악 생성이 가능한데, 팝, 재즈, 클래식, K-POP 등 여러 스타일을 선택할 수 있습니다. 또한 사용자가 원하는 분위기나 감정을 선택하면 그에 맞는 스타일로 음악을 편곡해 주는 기능을 제공합니다.

특히 주목할 만한 점은 저작권 문제에서 자유롭다는 것입니다. 수노 AI로 생성한 음악은 상업적 이용이 가능한데, 다만 무료 버전에서 생성한 음악은 비상업적 목적으로만 사용해야 하며, 상업적 사용을 위해서는 유료 구독이 필요합니다.

수노 AI는 전문적인 음악 지식이 없는 사용자도 쉽게 이용할 수 있도록 직관적인 인터페이스를 제공합니다. 간단한 터치만으로도 멜로디 수정, 악기 변경, 템포 조절 등 다양한 음악적 요소를 조정할 수 있습니다.

또한 생성된 음악은 MIDI 파일로 내보내기가 가능하며, 이를 통해 전문적인 음악 제작 소프트웨어에서 추가 편집이 가능합니다. 이는 전문 음악가들에게도 유용한 기능으로 평가받고 있습니다.

수노 AI는 지속적으로 발전하고 있으며, 정기적인 업데이트를 통해 새로운 기능이 추가되고 있습니다. 이러한 혁신적인 접근은 음악 창작의 진입 장벽을 낮추고 더 많은 사람들이 음악 창작의 즐거움을 경험할 수 있도록 돕고 있습니다.

다. 클로드와 ChatGPT 등 범용 인공지능의 음악 관련 활용

클로드(Claude)와 ChatGPT는 음악 이론을 설명하거나 연습 방법을 조언하고, 곡을 분석하거나 학습 계획을 수립하는 등 텍스트 기반의 도움을 제공합니다. 이러한 방식으로 음악 학습을 보조하는 역할을 수행할 수 있습니다. 그러나 2024년 11월 현재 시점에서, 클로드와 ChatGPT는 직접적으로 오디오 파일을 분석하거나 실시간으로 음악을 평가하는 것은 불가능합니다. 이는 두 인공지능이 주로 텍스트 처리에 특화되어 있으며, 오디오 신호를 처리하거나 실시간 음향을 분석하는 기능이 없기 때문입니다. 또한 음파 데이터를 직접적으로 처리할 수 있는 기능도 갖추고 있지 않습니다.

라. 음악 작업에 특화된 전문 인공지능

노래 실력을 평가하고 싶다면, 오디오 신호 처리, 실시간 피치 감지, 스펙트럼 분석, 음색 인식, 리듬 패턴 분석과 같은 전문적인 기능이 필요합니다. 이러한 작업을 위해서는 전문 앱이나 서비스를 이용하는 것이 좋습니다. 예를 들어 Sing Sharp, Vocaberry, Smule, StarMaker와 같은 앱이 추천됩니다.

악기 연주를 평가받고 싶다면 Yousician, Simply Piano, Melodics, ToneGym 등의 앱을 사용해 볼 수 있습니다. 더 전문적인 음악 분석을 원한다면 Melodyne, AutoTune, ScoreCloud, Soundcorset 같은 소프트웨어를 활용하는 것이 적합합니다. 이러한 앱과 소프트웨어는 실시간 피드백, 상세한 분석 데이터, 시각화된 결과, 맞춤형 연습 제안 등의 기능을 제공합니다.

3. 미술 영역의 인공지능 활용

가. 미술 관련 전문인공지능

프롬프트를 활용한 이미지 생성은 Claude나 ChatGPT에서 직접 수행할 수 없습니다. 이 AI들은 텍스트 기반의 대화형 AI로, 이미지를 직접 생성하는 기능은 가지고 있지 않습니다. 대신 이미지 생성을 위해서는 전문적인 AI 도구를 사용해야 합니다. ChatGPT Plus(유료 버전)에는 DALL-E 3가 통합되어 있어 직접 이미지 생성이 가능합니다. 사용자가 텍스트로 원하는 이미지를 설명하면, ChatGPT가 DALL-E를 통해 바로 이미지를 생성할 수 있습니다. Claude의 경우 현재 이미지 생성 기능이 포함되어 있지 않으며, 텍스트 기반의 대화와 분석에 특화되어 있습니다.

최근에는 이러한 AI 도구의 기능과 통합 형태가 빠르게 변화하고 있으므로, 최신 기능과 사용 조건을 각 서비스의 공식 웹사이트에서 확인하는 것이 좋습니다.

대표적인 이미지 생성 AI로는 '미드저니'가 있습니다. 디스코드 플랫폼을 통해 사용할 수 있는 이 도구는 특히 예술적이고 심미적인 퀄리티가 뛰어나다는 평가를 받고 있습니다. 유료 서비스이지만, 한글 프롬프트도 어느 정도 인식할 수 있다는 장점이 있습니다.

OpenAI에서 개발한 '달리-2'도 많이 사용되는 도구입니다. 직관적인 웹 인터페이스를 제공하며, 특히 실사적인 이미지를 생성하는 데 강점을 가지고 있습니다. 다만 영어로 프롬프트를 작성하는 것이 더 좋은 결과를 얻을 수 있습니다. ChatGPT Plus(유료 버전)에는 DALL-E 3가 통합되어 있어 직접 이미지 생성을 할 수 있습니다. 사용자가 텍스트로 원하는 이미지를 설명하면 ChatGPT가 DALL-E를 통해 바로 이미지를 생성할 수 있습니다. 그러나 ChatGPT 무료 버전에는 이미지 생성 기능이 포함되어 있지 않습니다. 무료 사용자는 별도로 DALL-E 웹사이트(labs.openai.com)에 방문하여 이미지를 생성해야 합니다.

'스테이블 디퓨전'은 오픈소스 기반의 도구로, 무료로 사용할 수 있다는 큰 장점이 있습니다. 자신의 컴퓨터에 직접 설치해서 사용할 수 있고, 다양한 변형 모델들이 존재하며 자유롭게 커스터마이징할 수 있습니다.

게임 아트와 캐릭터 생성에 관심이 있다면 '레오나르도.ai'를 추천합니다. 이 도구는 자체적으로 트레이닝 모델을 만들 수 있고, 사용하기 쉬운 인터페이스를 제공하며, 합리적인 가격대를 유지하고 있습니다.

Claude는 비록 직접 이미지를 만들지는 못하지만, 다른 방식으로 도움을 줄 수 있습니다. 효과적인 프롬프트 작성 방법을 제안하거나, 이미지 생성 전략을 수립하는 데 도움을 줄 수 있습니다. 또한 생성된 이미지를 분석하고 피드백을 제공하거나, 더 나은 결과를 위한 프롬프트 개선 방향을 제시할 수 있습니다. 각 AI 도구의 특성과 장단점도 설명할 수 있습니다.

실제로 작업할 때는 이러한 순서로 진행하면 좋습니다. 먼저 ChatGPT나 Claude에게 원하는 이미지에 대한 상세한 프롬프트 작성을 요청합니다. 받은 프롬프트를 미드저니나 달리-2 같은 이미지 생성 AI에 입력하고, 생성된 결과물을 다시 ChatGPT나 Claude와 상담하여 프롬프트를 개선하는 방식입니다.

이처럼 텍스트 기반 AI와 이미지 생성 AI를 서로 보완적으로 활용하면 더 좋은 결과물을 얻을 수 있습니다. 각각의 AI가 가진 장점을 최대한 활용하는 것이 핵심이라고 할 수 있습니다.

나. 생성형 AI를 활용한 미술 분야의 다양한 활용법

먼저, 이미지를 생성하고 편집하는 데 활용할 수 있습니다. 예를 들어, '미드저니'나 '달리-2'와 같은 AI 도구를 사용하면 "하늘을 나는 고래"나 "우주 공간의 꽃밭" 같은 상상 속 이미지를 텍스트 설명만으로 만들어 낼 수 있습니다. 또한 흐릿한 옛날 사진을 선명하게 복원하거나, 사진 속 불필요한 요소를 자연스럽게 지우는 것도 가능합니다.

디자인 작업에도 큰 도움이 됩니다. 회사 로고를 여러 가지 버전으로 빠르게 만들어 보거나, 귀여운 캐릭터를 다양한 포즈로 변형할 수 있습니다. 실제로 많은 스타트업들이 디자인 AI로 초기 로고 디자인 아이디어를 얻고 있으며, 웹툰 작가들은 캐릭터 포즈 참고용으로 활용하고 있습니다. 디자인 작업에 도움이 되는 전문 인공지능 도구들이 최근 다양하게 등장하고 있습니다. 각 분야별로 특화된 도구들을 소개하겠습니다.

먼저 로고와 브랜드 디자인 분야에서는 'Looka'가 대표적입니다. 이 도구는 로고뿐만 아니라 명함, 웹사이트까지 브랜드 아이덴티티 전반을 AI로 생성해 주는 서비스를 제공합니다. 'Brandmark'는 로고 생성에 특화되어 있어 색상 팔레트 추천과 다양한 응용 형태를 제안하며, 'Logo.ai'는 산업 분야별 특성을 반영한 전문적인 로고를 빠르게 만들어 냅니다.

웹과 앱 디자인 영역에서는 'Uizard'가 주목받고 있습니다. 손으로 그린 스케치를 실제 UI 디자인으로 변환해주는 기능이 특징적입니다. 'Galileo AI'는 텍스트 설명만으로도 완성도 높은 UI 디자인을 생성해 주며, 피그마에 내장된 AI 기능은 디자인 작업의 효율을 크게 높여 줍니다.

이미지 편집과 보정 분야에서는 어도비의 'Adobe Firefly'가 강점을 보입니다. 포토샵과 통합되어 있어 이미지 편집과 생성이 매우 수월합니다. 'Remove.bg'는 이미지 배경 제거에 특화되어 있으며, 'Runway'는 비디오 편집과 특수효과 작업을 훨씬 쉽게 만들어 줍니다.

색상과 타이포그래피 작업에도 유용한 AI 도구들이 있습니다. 'Khroma'는 사용자의 선호도를 학습하여 개인화된 색상 조합을 추천해 주고, 'Fontjoy'는 조화로운 폰트 조합을 제안해 줍니다. 'Colormind'는 웹사이트나 디자인 프로젝트에 최적화된 색상 팔레트를 생성해 줍니다.

3D 디자인 분야에서는 'Spline AI'가 주목받고 있습니다. 복잡한 3D 모델링과 애니메이션 작업을 훨씬 쉽게 만들어 줍니다. 'GET3D'는 텍스트 설명만으로 3D 모델을 생성할 수 있으며, OpenAI의 'Point-E'는 간단한 3D 오브젝트를 빠르게 만들어 낼 수 있습니다.

프레젠테이션 디자인도 AI의 도움을 받을 수 있습니다. 'Beautiful.ai'는 디자인 원칙에 따라 프레젠테이션을 자동으로 구성해 주며, 'Slides AI'는 텍스트 내용만 입력하면 프레젠테이션을 자동으로 만들어 줍니다. 'Gamma'는 특히 비즈니스 프레젠테이션 제작에 강점을 보입니다.

이러한 AI 도구들은 작업 시간을 크게 단축시키고, 새로운 아이디어를 제시하며, 반복적인 작업을 자동화해 준다는 장점이 있습니다. 또한 전문적인 퀄리티의 결과물을 제공하고, 다양한 변형안을 빠르게 만들어 볼 수 있게 해 줍니다.

다만, 이러한 도구를 사용할 때는 몇 가지 주의할 점이 있습니다. AI는 어디까지나 보조 도구로 활용하는 것이 바람직하며, 최종 결과물에 대한 판단은 여전히 디자이너의 몫입니다. 저작권 관련 사항을 반드시 확인해야 하고, 브랜드의 독창성과 아이덴티티는 인간의 창의성이 필요한 영역이라는 점을 잊지 말아야 합니다. 또한 대부분의 고급 기능은 유료로 제공되므로, 비용 면에서도 신중한 고려가 필요합니다.

참고로 ChatGPT와 Claude는 직접적인 디자인 제작은 할 수 없지만, 디자인 작업을 보조하는 다양한 방식으로 도움을 줄 수 있습니다.

- 1) 디자인 기획 단계에서는 아이디어 발상과 기획에 도움을 받을 수 있습니다. 예를 들어 "미니멀한 카페 로고를 만들고 싶은데 어떤 요소들을 고려해야 할까요?"라고 물으면, 로고 디자인의 핵심 요소와 주의사항, 트렌드 등을 상세히 조언받을 수 있습니다.

- 2) 레이아웃이나 구도 설계에도 도움을 받을 수 있습니다. 웹사이트나 포스터 디자인의 경우, 효과적인 정보 배치나 시선의 흐름을 고려한 구성 방법에 대해 조언을 구할 수 있습니다. "요가 학원 웹사이트를 만들려고 하는데, 첫 화면을 어떻게 구성하면 좋을까요?"

와 같은 질문이 가능하죠.

- 3) 색상 선택에 대한 전문적인 조언도 얻을 수 있습니다. "병원 로고에 어울리는 색상 조합을 추천해 주세요."라고 하면, 의료 분야에 적합한 색상과 그 심리적 효과까지 설명해줄 수 있습니다. 타이포그래피 선택에도 도움을 받을 수 있습니다. 특정 분위기나 업종에 어울리는 폰트 스타일을 추천받거나, 서체 조합에 대한 조언을 구할 수 있죠. "럭셔리 주얼리 브랜드에 어울리는 폰트 스타일은 무엇일까요?"와 같은 질문이 가능합니다.

- 4) 디자인 리서치 단계에서도 유용하게 사용할 수 있습니다. 특정 업종의 디자인 트렌드나 경쟁사 분석, 타겟 고객층의 선호도 등에 대한 정보를 얻을 수 있습니다. 또한 디자인 관련 용어나 개념에 대한 설명도 쉽게 들을 수 있습니다.

- 5) 작업 과정에서 발생하는 기술적인 질문에도 답변을 받을 수 있습니다. 예를 들어, "포토샵에서 특정 효과를 내려면 어떤 기능을 사용해야 하나요?"와 같은 실무적인 질문도 가능합니다.

ChatGPT와 Claude의 한계도 있습니다. 실제 이미지나 디자인을 직접 생성할 수 없으며, 시각적 피드백을 제공하지 못합니다. 최신 디자인 트렌드를 반영하지 못할 가능성이 있고, 주관적인 미적 판단에도 한계가 있습니다. 다만 GPT 등 범용 인공지능은 디자인 기획 단계나 아이디어 발상, 정보 수집 과정에서 적극적으로 활용하면 작업 효율을 크게 높일 수 있습니다.

미술 학원에서는 인체 해부학 참고 이미지를 만들어 학생들에게 보여주고, 원근법을 쉽게 이해할 수 있는 예시 이미지들을 생성해 활용합니다. 실제로 한 미술 교사는 AI로 만든 다양한 구도의 정물화 예시로 수업을 진행하며 학생들의 이해도를 크게 높였습니다.

미술 교육에서 인공지능을 활용하는 방법은 크게 두 가지로 나눌 수 있습니다. 하나는 ChatGPT나 Claude 같은 텍스트 기반 AI를 활용하는 것이고, 다른 하나는 Midjourney나 DALL-E 같은 이미지 생성 AI를 활용하는 것입니다.

ChatGPT와 Claude는 미술 교육의 이론적인 부분을 도와주는 데 탁월합니다. 이들은 인체 해부학의 원리를 설명하거나, 원근법의 개념을 알려주고, 색채 이론과 배색 원리를 설명해 줄 수 있습니다. 또한 구도를 잡는 방법에 대해 조언하거나, 그림 그리기의 단계별 가이드를 제공하고, 미술사와 작가 연구 자료를 제공하는 데도 유용합니다.

반면, 실제 교육 현장에서 필요한 시각적 자료들은 전문 이미지 생성 AI의 도움이 필요합니다. 예를 들어, 인체 해부학 수업에서는 Midjourney로 다양한 포즈의 인체 구조도를 만들거나, DreamStudio로 근육과 골격 시스템의 이미지를 생성할 수 있습니다. Leonardo.ai는 특히 동작에 따른 해부학적 구조의 변화를 잘 보여주는 이미지를 만들어 냅니다.

원근법을 가르칠 때는 DALL-E가 유용합니다. 다양한 시점에서 본 건물과 공간을 생성할 수 있고, Stable Diffusion으로는 1

점, 2점, 3점 투시의 예시를 만들 수 있습니다. Midjourney는 특히 복잡한 구조물의 원근 표현을 잘 생성해 냅니다.

정물화 수업에서는 DALL-E로 다양한 정물 배치 예시를 만들고, Midjourney로는 조명에 따른 명암 변화를 보여줄 수 있습니다. Leonardo.ai는 같은 정물을 여러 각도에서 본 모습을 생성하는 데 특히 강점이 있습니다.

색채 학습에서는 Stable Diffusion이 다양한 색상 조합 예시를 잘 만들어 내고, DALL-E는 보색 관계를 시각화하는 데 뛰어납니다. DreamStudio는 특히 색상 하모니를 보여주는 샘플을 만드는 데 효과적입니다.

실제 수업에서는 이러한 도구들을 복합적으로 활용하는 것이 좋습니다. 예를 들어, 기초 드로잉 수업에서는 ChatGPT나 Claude로 기본 원리를 설명하고, Midjourney로 실제 참고 이미지를 생성하여 학생들이 실습할 수 있게 합니다.

다만 이러한 AI 도구를 활용할 때 주의할 점도 있습니다. ChatGPT와 Claude는 이미지를 직접 생성할 수 없고, 이론 설명과 가이드만 가능하다는 한계가 있습니다. 전문 이미지 생성 AI들은 대부분 유료 서비스이며, 정확한 해부학적 표현에 한계가 있을 수 있고, 일관된 스타일을 유지하기 어려울 수 있습니다.

따라서 가장 효과적인 방법은 이론 학습과 개념 설명은 ChatGPT나 Claude를 활용하고, 실제 참고 자료나 예시 이미지가 필요한 경우에는 상황에 맞는 전문 AI 도구를 선택하여 사용하는 것입니다. 이렇게 각 도구의 장점을 살려 복합적으로 활용하면, 미술 교육의 효과를 크게 높일 수 있습니다.

작업은 전문 이미지 생성 AI를 활용하는 것입니다. 두 종류의 AI가 각자의 장점을 살려 상호보완적으로 활용될 때 최상의 결과물을 만들어 낼 수 있습니다.

마. 프롬프트 작성, 실제 활용 예시

일러스트레이션을 만들 때는 구체적인 장면과 스타일을 묘사하는 것이 중요합니다. 예를 들어 "해질녘 바닷가에서 책을 읽고 있는 소녀를 그려 주세요. 따뜻한 파스텔톤으로 표현하고, 지브리 스튜디오의 감성을 담아 주세요."라고 요청할 수 있습니다. 또는 "도시 뒷골목에 있는 아늑한 고양이 카페를 수채화 스타일로 표현해 주세요. 따뜻한 조명과 창가에서 잠든 고양이들의 모습을 포함해 주세요."처럼 세부적인 요소들을 언급하면 좋습니다.

캐릭터를 디자인할 때는 캐릭터의 특징과 배경 설정을 자세히 설명하면 좋은 결과를 얻을 수 있습니다. "스팀펑크 세계관의 발명가 고양이를 그려 주세요. 빈티지한 복장을 입고 있고, 섬세한 기계 장치들로 둘러싸여 있는 모습으로 표현해 주세요."와 같이 요청할 수 있죠. 판타지 캐릭터를 만들 때는 "중세 시대의 여전사를 그려 주세요. 실용적이면서도 화려한 갑옷을 입고 있고, 판타지 게임의 캐릭터 같은 스타일로 표현해 주세요."처럼 구체적인 설명을 덧붙이면 좋습니다.

환경 디자인의 경우, 전체적인 분위기와 특징적인 요소들을 상세히 설명하는 것이 중요합니다. "버섯으로 만든 요정들의 마을을 그려 주세요. 따뜻한 불빛이 새어 나오는 버섯 집들과 반딧불이가 날아다니는 동화 같은 분위기로 표현해 주세요."라든지, "미래 도시의 공중 정원을 디자인해 주세요. 첨단 기술과 자연이 조화롭게 어우러진 환경 친화적인 모습으로 그려 주세요."처럼 요청할 수 있습니다.

상업적인 디자인을 의뢰할 때는 브랜드의 성격과 원하는 이미지를 명확하게 전달하는 것이 좋습니다. "유기농 베이커리의 로고를 디자인해 주세요. 밀 이삭과 나뭇잎을 모티프로 사용하고, 미니멀하면서도 친근한 스타일로 만들어 주세요."라고 할 수 있습니다. 또는 "전통 차 브랜드의 패키지를 디자인해 주세요. 동양화 스타일의 수묵 일러스트를 활용하고, 고급스러운 느낌을 강조해 주세요."와 같이 구체적인 방향성을 제시하면 됩니다.

더 좋은 결과물을 얻기 위해서는 몇 가지 팁이 있습니다. 원하는 스타일과 분위기를 구체적으로 명시하고, 색감이나 톤에 대한 설명을 추가하면 좋습니다. 참고하고 싶은 작가나 스튜디오의 스타일을 언급하는 것도 도움이 됩니다. 또한 원하는 구도나 시점을 설명하고, 세부적인 요소들을 구체적으로 나열하면 더 정확한 결과물을 얻을 수 있습니다.

마지막으로, 이미지의 비율이나 스타일 강도 등을 조절하고 싶다면 추가적인 파라미터를 사용할 수 있습니다. 예를 들어 "--ar 16:9"로 비율을 지정하거나, "--s 750"으로 스타일의 강도를 조절할 수 있습니다. 이러한 세부 조정을 통해 더욱 원하는 결과물에 가까운 이미지를 만들 수 있습니다. 이처럼 생성형 AI는 미술 분야의 거의 모든 영역에서 창작을 도와주는 유용한 도구로 자리잡아 가고 있습니다.

인공지능을 활용하여 일기를 쓰는 방법은 매우 다양하며, 특히 ChatGPT나 Claude 같은 AI는 일기 작성의 전 과정에서 든든한 조력자가 될 수 있습니다.

나만의 일기쓰기에 도움받기. 인공지능을 활용하여 일기를 쓰는 방법은 매우 다양하며, 특히 ChatGPT나 Claude 같은 AI는 일기 작성의 전 과정에서 든든한 조력자가 될 수 있습니다.

먼저, AI는 일기 작성을 위한 훌륭한 가이드가 될 수 있습니다. 예를 들어, "오늘 하루 중 가장 인상 깊었던 순간은 언제였는가? 그때의 감정을 자세히 설명해 보라."와 같은 질문으로 대화를 시작할 수 있습니다. 또는 "오늘 있었던 일 중에서 내가 성장했다고 느낀 순간이 있다면 무엇인가?"처럼 자기 성찰을 돕는 질문을 받을 수도 있습니다.

AI는 작성한 일기에 대한 피드백도 제공할 수 있습니다. "내가 쓴 일기를 읽고 문법적인 오류나 더 좋은 표현이 있다면 제안해 달라."라고 요청하면, AI는 건설적인 피드백을 제공합니다. "이 부분은 이렇게 표현하면 더 생생할 것 같다." 또는 "이 감정을 이렇게 표현하면 더 잘 전달될 것 같다."와 같은 제안을 받을 수 있습니다.

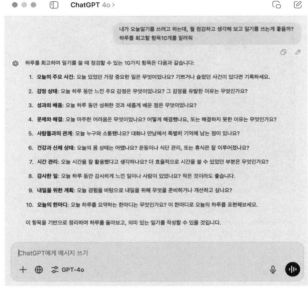

간단한 메모를 더 자세한 일기로 발전시키는 데도 AI가 큰 도움이 됩니다. "오늘 회사에서 힘든 일이 있었다."라는 짧은 메모를 AI에게 보여주면, "그 상황에서 어떤 감정을 느꼈는가? 비슷한 상황이 또 발생한다면 어떻게 대처하고 싶은가?"와 같은 질문들을 통해 더 깊이 있는 일기로 발전시킬 수 있습니다.

일기 분석과 요약에도 AI를 활용할 수 있습니다. "지난 한 달간의 일기를 분석하여 주요 감정 패턴과 반복되는 주제를 찾아 달라."라고 요청하면, AI는 사용자의 일기에서 의미 있는 패턴과 인사이트를 도출해 줄 수 있습니다.

창의적인 일기 쓰기도 가능합니다. "오늘 하루를 내 책상 위의 커피잔 시점에서 써 보고 싶은데, 어떻게 시작하면 좋을까?"와 같이 요청하면, AI는 새로운 관점에서 일기를 쓸 수 있는 아이디어를 제공합니다.

시각적 요소를 추가하고 싶다면 Midjourney나 DALL-E 같은 이미지 생성 AI의 도움을 받을 수 있습니다. "햇살이 비치는 창가에서 커피를 마시며 책을 읽는 아늑한 순간"과 같은 프롬프트로 그날의 특별한 순간을 시각화할 수 있습니다.

일기 쓰기 습관을 형성하는 데도 AI가 도움이 됩니다. "매일 저녁 9시에 일기를 쓰고 싶은데, 동기 부여가 될 만한 루틴을 제안해 달라."라고 요청하면, AI는 맞춤형 루틴을 제안할 수 있습니다.

다만 AI를 활용할 때는 몇 가지 주의할 점이 있습니다. 개인정보 보호에 유의해야 하며, AI의 제안은 참고만 하고 최종적으로는 자신의 생각과 감정을 주되게 표현하는 것이 중요합니다. 또한 AI에 과도하게 의존하지 않고, 진정성 있는 자기 표현을 유지하는 것이 좋습니다.

예를 들어, "오늘 회사에서 프로젝트 발표가 있었다."라는 간단한 메모를 AI와의 대화를 통해 발전시킬 수 있습니다. "발표 전에는 어떤 생각이 들었는가?", "청중들의 반응 중 가장 기억에 남는 것은 무엇인가?", "이번 경험을 통해 배운 점은 무엇인가?"와 같은 질문들을 통해 더 깊이 있는 성찰과 기록이 가능합니다.

　이처럼 AI를 현명하게 활용한다면, 일기 쓰기를 더욱 풍부하고 의미 있는 자기 성찰의 도구로 발전시킬 수 있습니다. AI는 사용자의 생각을 확장하고 더 깊은 통찰을 얻도록 도와주는 동반자가 될 수 있습니다.

다양한 정보 검색

필요한 상품 검색 - 합리적인 상품선택

ChatGPT나 Claude, Perplexity와 같은 AI는 상품 검색과 구매 과정에서 든든한 조언자가 될 수 있습니다. AI를 활용하는 구체적인 방법을 단계별로 설명드리겠습니다.

먼저, 상품 조사와 비교 단계에서 AI의 도움을 받을 수 있습니다. 예를 들어, "20만 원대 노이즈 캔슬링 이어폰 중에서 통화 품질이 좋은 제품을 추천해 주세요."라고 요청하면, AI는 여러 제품의 특징을 객관적으로 분석하여 알려줍니다. 또한, "LG와 삼성의 같은 가격대 냉장고의 장단점을 비교해 주세요."와 같이 구체적인 비교 요청도 가능합니다.

구매 전 체크리스트 작성에도 AI는 유용하게 활용될 수 있습니다. "무선청소기 구매 시 꼭 확인해야 할 사항을 알려주세요."라고 요청하면, AI는 배터리 지속 시간, 소음 수준 등 놓치기 쉬운 중요한 요소들을 꼼꼼하게 정리해 줍니다. 이러한 정보는 실수를 줄이고 중요한 요소들을 확인하는 데 큰 도움이 됩니다.

가격 분석에 대한 조언도 받을 수 있습니다. 다만, AI는 실시간 가격 정보를 제공하지 못하므로, "이 제품의 적정 가격대가 얼마인지 알려주세요."와 같은 일반적인 가격 범위나, "계절

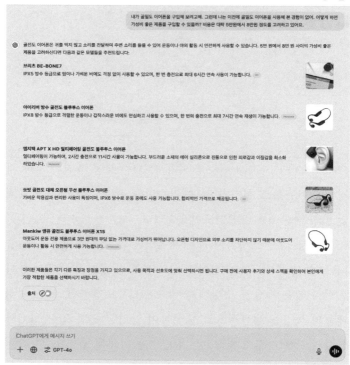

상품정보 검색의 사례.

별 가전제품 할인 시기를 알려주세요."와 같은 할인 시기에 대한 조언을 구하는 방식이 적합합니다.

사용자 리뷰 분석도 AI의 강점 중 하나입니다. "이 제품의 주요 장단점을 객관적으로 정리해 주세요."라고 요청하면, AI는 다양한 사용자 의견을 종합하여 균형 잡힌 분석을 제공합니다. 이를 통해 소비자들이 자주 언급하는 불만 사항이나 제품 내구성에 대한 평가를 확인할 수 있습니다.

개인화된 추천을 받을 때는 구체적인 상황 설명이 중요합니다. 예를 들어, "30평대 아파트 거주, 반려동물 있음, 예산 50만 원으로 구매 가능한 공기청정기를 추천해 주세요."와 같이 상세한 조건을 제시하면, 더 정확하고 맞춤화된 추천을 받을 수 있습니다.

구매 시기에 대한 조언 역시 유용합니다. 블랙프라이데이와 같은 세일 시즌에 주로 할인되는 품목이나 가전제품별 최적의 구매 시기에 대한 정보를 AI를 통해 얻을 수 있습니다. 또한 신모델 출시 예정 시기 등을 확인하여 더 현명한 구매 결정을 내릴 수 있습니다.

제품 구매 후의 사용과 관리 방법에 대해서도 AI에게 질문할 수 있습니다. 초기 설정 방법부터 제품 수명을 늘리는 관리 팁, 에너지 효율을 높이는 사용 방법 등 다양한 정보를 제공받을 수 있습니다.

상품 검색과 구매에서 실시간 정보 접근의 중요성도 강조할 필요가 있습니다. ChatGPT 무료 버전이나 Claude의 경우 실시간 정보를 제공하지 못하므로, 학습된 시점까지의 정보만을 기반으로 안내를 받을 수 있습니다. 이로 인해 현재의 가격, 최신 제품 정보, 실시간 할인 정보 등을 확인하는 데는 한계가 있습니다. 반면, ChatGPT Plus와 Perplexity AI는 실시간 정보 검색 기능을 갖추고 있어, 보다 유용한 쇼핑 도우미 역할을 할 수 있습니다.

Perplexity AI와 ChatGPT Plus의 실시간 정보 활용. Perplexity AI와 ChatGPT Plus는 최근 인터넷 검색 기능이 추가되면서 실

시간 정보 접근이 가능해졌습니다. 예를 들어, "현재 LG 스탠바이미의 최저가와 주요 구매처를 알려주세요."라고 요청하면, 실시간 가격 정보와 함께 구매 시 고려해야 할 사항들을 종합적으로 안내받을 수 있습니다. Perplexity AI는 더욱 정교한 실시간 검색과 정보 분석을 제공하며, 정보 출처를 함께 제시하기 때문에 제품에 대한 전문가 리뷰나 사용자 평가를 신뢰성 있게 확인할 수 있습니다.

이러한 AI들은 각자의 장점이 있으므로 단계별로 활용하면 더욱 효과적입니다. ChatGPT Plus를 통해 제품의 전반적인 스펙을 비교하고 구매 시 체크포인트를 파악한 뒤, Perplexity AI를 이용해 구체적인 가격 비교와 최신 리뷰를 확인하는 방식으로 활용할 수 있습니다. 이를 통해 기본적인 제품 정보와 구매 주의사항을 파악한 후, 실시간 정보를 추가적으로 반영하여 최적의 구매 결정을 내릴 수 있습니다.

AI 활용 시 질문의 구체화 중요성

AI를 효과적으로 활용하려면 질문을 구체적으로 작성하는 것이 중요합니다. 예산, 용도, 선호도 등을 상세히 명시하고, 비교하고자 하는 제품을 명확히 언급하면 더 유용한 정보를 얻을 수 있습니다. 또한 AI가 제공한 정보를 실제 리뷰나 공식 홈페이지 정보와 대조하여 확인하는 것도 중요합니다.

AI는 상품 구매 과정에서 매우 유용한 조언자가 될 수 있지만, 어디까지나 참고용 정보를 제공하는 도구일 뿐입니다. 최종 구매 결정은 소비자가 신중하게 내려야 하며, 결제 정보나 개인

정보를 AI와 공유해서는 안 됩니다. 구매는 반드시 신뢰할 수 있는 판매처를 통해 진행해야 합니다. AI의 장점을 잘 활용한다면 보다 스마트하고 경제적인 쇼핑이 가능할 것입니다.

AI 시대 경쟁력

1. 기술진보와 인공지능

지금까지 chatGPT와 Claude, Perplexity라는 획기적인 AI 도구들을 살펴보았습니다. 이 도구들은 단순한 도우미를 넘어서, 우리의 일상을 완전히 변화시킬 수 있는 강력한 파트너가 될 수 있습니다.

특히 놀라운 점은 이러한 AI 도구들의 다재다능함입니다. 글쓰기에서는 마치 전문 작가처럼 문장을 다듬어주고, 요리에서는 최고의 셰프처럼 맛있는 레시피를 제안합니다. 건강 관리에서는 개인 트레이너와 같이 맞춤형 조언을 제공하며, 기계 수리에서는 숙련된 기술자처럼 상세한 해결 방법을 안내합니다. 외국어 통역과 번역에서는 원어민 수준의 정확도를 보여주며, 행사 기획에서는 베테랑 기획자처럼 세세한 부분까지 꼼꼼히 챙깁니다. 사업 구상에서는 경험 많은 컨설턴트와 같이 시장 분석과 전략을 제시합니다.

24시간 언제든 이용할 수 있다는 것은 AI 도구들의 가장 큰 장점 중 하나입니다. 밤늦게 궁금한 점이 생겼을 때나, 새벽에 새로운 아이디어가 떠올랐을 때도 즉시 상담하고 도움을 받을 수 있습니다. 또한 한 번의 질문으로 다양한 관점에서의 답변을 동시에 받을 수 있어, 시간과 노력을 크게 절약할 수 있습니다.

더욱 놀라운 점은 AI가 사용자의 질문에 맞춤형으로 대응한다는 것입니다. 초보자에게는 쉽게 설명하고, 전문가에게는 더 깊이 있는 정보를 제공합니다. 또한 사용자가 미처 생각하지 못한 새로운 관점이나 해결 방안을 제시하여, 시야를 넓히는 데 도움을 줍니다.

물론 AI를 사용할 때 주의할 점도 존재합니다. AI는 우리의 보조자이지 완벽한 대체자가 아닙니다. 그러나 이는 오히려 장점이 될 수 있습니다. AI의 제안을 바탕으로 우리의 창의력을 더하면, 더욱 특별하고 훌륭한 결과물을 만들어 낼 수 있기 때문입니다.

특히 학생들에게 AI는 최고의 학습 도우미가 될 수 있습니다. 어려운 문제를 차근차근 설명하며, 다양한 예시를 통해 이해를 돕습니다. 숙제나 과제를 할 때도 방향을 제시하여 학습 효율을 크게 높이는 데 기여합니다.

직장인들에게 AI는 업무 효율을 획기적으로 높여주는 동료가 됩니다. 보고서 작성, 데이터 분석, 아이디어 구상 등 다양한 업무에서 전문가 수준의 도움을 제공할 수 있습니다. 특히 여러 업무를 동시에 처리해야 할 때, AI의 도움은 더욱 빛을 발합니다.

또한, AI는 창의력을 자극하는 훌륭한 촉매제가 됩니다. AI와의 대화를 통해 새로운 아이디어를 발견하고, 이를 발전시켜 독창적인 결과물을 만들어 낼 수 있습니다. AI는 사용자가 생각하지 못한 관점을 제시하여 상상력을 더욱 풍부하게 만들어 줍니다.

이제 AI는 선택이 아니라 필수로 자리 잡아가고 있습니다.

그러나 이는 두려워할 일이 아닙니다. 오히려 AI를 통해 더 많은 시간과 에너지를 진정으로 중요한 일에 쏟을 수 있는 기회를 얻게 되었습니다. AI가 단순하고 반복적인 작업을 처리해 주는 동안, 우리는 더욱 창의적이고 가치 있는 일에 집중할 수 있게 된 것입니다.

이제 AI와 함께하는 새로운 여정을 시작해 보기 바랍니다. AI는 여러분의 가능성을 무한히 넓혀줄 것입니다. 여러분의 창의력과 AI의 능력이 만나면, 상상 이상의 결과를 만들어 낼 수 있을 것입니다. 이 글이 여러분이 AI의 무한한 잠재력을 발견하고 활용하는 데 유용한 안내자가 되기를 진심으로 바랍니다.

2. 대한민국의 AI 경쟁력

대한민국의 인공지능 경쟁력은 강점과 약점이 뚜렷하게 구분되는 특징을 보이고 있습니다. 현재 우리나라가 가진 가장 큰 강점은 세계 최고 수준의 통신속도를 자랑하는 IT 인프라입니다. 특히 인터넷 보급률과 속도, 발달된 클라우드 컴퓨팅 환경, 그리고 5G 네트워크의 조기 상용화 성공은 AI 발전의 탄탄한 기반이 되고 있습니다.

교육 분야에서도 우수한 이공계 인재 풀을 보유하고 있으며, 최근에는 AI 관련 학과와 교육과정이 크게 확대되고 있습니다. 또한, 산학 협력 체계가 활발히 구축되어 있어 실무와 이론을 겸비한 인재 양성이 이루어지고 있습니다.

대기업들의 적극적인 투자 역시 주목할 만합니다. 삼성, 네이버, 카카오 등 주요 기업들이 자체 AI 모델 개발에 막대한 투자를 하고 있으며, 실용적인 AI 서비스의 상용화도 활발히 진행되고 있습니다. 네이버의 HyperCLOVA, 카카오의 KoGPT, 업사이드의 SOLAR 등 한국어 특화 언어 모델 개발 성과는 특히 눈에 띄는 사례로 평가받고 있습니다.

하지만 약점도 분명히 존재합니다. GPU 인프라 부족 문제가 대두되고 있습니다. 특히 대한민국의 AI 산업이 직면한 가장 큰 도전 과제 중 하나가 바로 이 첨단 GPU 확보의 어려움입니다.

글로벌 기업들의 GPU 투자 규모는 실로 엄청납니다. 메타는 2024년까지 약 40조 원을 투자해 엔비디아의 최신 GPU를 대량 확보할 계획을 발표했고, 마이크로소프트 역시 OpenAI와의 협력을 위해 수십조 원 규모의 GPU 인프라 구축에 나섰습니다. 구글과 아마존도 자체 AI 개발을 위해 막대한 자금을 GPU 확보에 쏟아붓고 있습니다.

반면 한국의 상황은 매우 다릅니다. 네이버와 카카오 같은 국내 대표 IT 기업들도 글로벌 기업들과 비교하면 GPU 투자 규모가 현저히 작은 수준입니다. 예를 들어 HyperCLOVA나 KoGPT 같은 대규모 언어 모델을 개발할 때도, 글로벌 기업들의 1/10도 안 되는 규모의 GPU로 모델을 학습해야 했습니다.

더욱 심각한 것은 스타트업이나 연구기관의 상황입니다. 최신 GPU의 가격이 급등하면서, 많은 AI 스타트업들이 연구 개발에 필요한 충분한 컴퓨팅 파워를 확보하지 못하고 있습니다. 한 대에 수천만 원을 호가하는 최신 GPU를 여러 대 구매하는 것은 대부분의 스타트업에게 엄두도 못 낼 일이 되어버렸습니다.

이러한 GPU 부족 문제는 단순한 하드웨어의 부재를 넘어 한국 AI 산업의 경쟁력 약화로 이어질 수 있습니다. 최신 AI 모델을 학습시키고 개선하는 데 필요한 컴퓨팅 파워가 부족하면, 글로벌 기업들과의 기술 격차는 더욱 벌어질 수밖에 없기 때문입니다.

정부도 이 문제의 심각성을 인식하고 국가 AI 컴퓨팅 센터 구축 등을 추진하고 있지만, 글로벌 기업들의 투자 규모와 비교하면 여전히 미미한 수준입니다. 결국 이는 AI 개발에서 한국이 글로벌 경쟁력을 확보하는 데 큰 걸림돌로 작용하고 있습니다.

이러한 상황을 타개하기 위해서는 정부와 민간이 협력하여 대규모 GPU 인프라 투자를 단행하고, 이를 효율적으로 공유할 수 있는 시스템을 구축하는 것이 시급합니다. 또한 클라우드 GPU 서비스의 활성화나 GPU 공유 플랫폼 구축 등 대안적인 해결책도 적극적으로 모색해야 할 것입니다. 최신 GPU 부족 문제는 단순히 장비 확보의 문제를 넘어, 한국 AI 산업의 미래가 걸린 중요한 과제입니다. 글로벌 AI 경쟁에서 뒤처지지 않기 위해서는 이 문제에 대한 더욱 적극적인 투자와 해결 방안 모색이 필요한 시점입니다.

두 번째, 문제는 기초 연구의 부족입니다. 원천 기술 개발이 미흡하고, 국제 논문의 영향력이 부족하며, 기초 연구를 위한 인프라가 부족한 실정입니다. 또한 영어권에 비해 한정된 한국어 데이터, 데이터 품질 관리 체계의 미흡, 그리고 개인정보 규제로 인한 제약 등 데이터 확보에도 어려움을 겪고 있습니다. 인재 유출 문제도 심각합니다. 우수한 AI 인재들이 더 나은 처우와 연구 환경을 찾아 해외 기업으로 떠나는 현상이 계속되고 있으며, 이는 국내 스타트업 생태계의 미성숙과도 연관되어 있습니다.

이러한 문제들을 해결하기 위해 정부는 디지털 뉴딜 정책을 통해 AI 핵심 기술 개발을 지원하고, 데이터 댐을 구축하며, AI 인프라를 확충하는 등 다양한 노력을 기울이고 있습니다. 또한 데이터 3법 개정, 규제 샌드박스 확대, AI 윤리 가이드라인 수립 등 규제 혁신도 진행 중입니다.

교육 분야에서도 AI 대학원 확대, 실무 중심 교육 강화, 평생 교육 체계 구축 등을 통해 전문 인력 양성에 힘쓰고 있습니다. 하지만 글로벌 경쟁력 확보를 위해서는 여전히 많은 과제가 남아있습니다. 기초 연구 강화, 인재 유출 방지, 스타트업 생태계 활성화, 규제 완화 등이 시급히 해결해야 할 과제로 지적되고 있습니다.

앞으로 대한민국의 AI 경쟁력은 대기업을 중심으로 한 투자가 지속되며, 특히 한국어 특화 서비스나 아시아 시장에서의 영향력 확대가 기대됩니다. 하지만 진정한 글로벌 경쟁력을 갖추기 위해서는 기초 연구부터 인재 양성, 생태계 조성까지 균형 잡힌 발전이 필요할 것으로 보입니다.

3. 인공지능 관련 법과 규제

가. 유럽연합

전 세계적으로 인공지능 관련 법제화가 빠르게 진행되고 있는 가운데, 지역별로 각기 다른 특징적인 접근 방식을 보이고 있습니다.

유럽연합은 가장 포괄적이고 강력한 AI 규제를 추진하고 있습니다. 'AI Act'라는 세계 최초의 종합적인 AI 규제 법안을 통해, AI 시스템을 위험도에 따라 4단계로 분류하고 각각에 맞는 규제를 적용하고 있습니다. 용납할 수 없는 위험 수준의 AI는 전면 금지하고, 고위험 AI에는 엄격한 규제를, 제한된 위험의 AI에는 투명성 의무를 부과하는 식입니다. 특히 위반 시에는 글로벌 매출의 최대 7% 또는 4,000만 유로의 과징금을 부과할 수 있어, 그 규제의 강도가 상당히 높은 편입니다.

유럽연합(EU)의 인공지능법(AI Act)은 인공지능 기술의 안전한 개발과 활용을 위해 세계 최초로 제정된 포괄적인 법안으로, 인공지능이 인간의 기본권과 안전을 침해하지 않도록 규제하는 것을 목표로 하고 있습니다.

이 법은 AI 시스템을 위험도에 따라 네 가지 수준으로 분류하고, 각 수준에 따라 규제의 강도를 달리 적용합니다.

첫 번째로, 허용할 수 없는 위험(Unacceptable Risk)으로 분류된 AI 시스템은 인간의 안전과 권리를 심각하게 위협하기 때문에 사용이 전면 금지됩니다. 예를 들어, 공공장소에서의 실시간 원격 생체 인식 시스템이나 사회적 점수제를 운영하는 시스템이 이에 해당됩니다.

두 번째로, 고위험(High Risk) AI 시스템은 의료, 자율 주행, 법 집행 등 인간의 건강과 권리에 큰 영향을 미칠 가능성이 있는 기술로, 사용이 허용되지만 엄격한 요건을 충족해야 합니다. 이러한 요건으로는 데이터의 공정성과 비차별성 보장, 인간의 감독 가능성, 위험 관리 시스템 구축, 그리고 사용자에게 AI 사용 사실을 알리는 투명성 의무 등이 포함됩니다.

세 번째로, 제한적 위험(Limited Risk)에 속하는 AI 시스템은 상대적으로 낮은 수준의 위험을 가지며, 사용자가 AI 시스템임을 인지할 수 있도록 고지하는 등의 제한적인 요구사항만 적용됩니다. 예를 들어, AI 챗봇이나 딥페이크 생성 시스템이 여기에 포함됩니다.

마지막으로, 최소 위험(Minimal Risk) AI 시스템은 게임이나 스팸 필터와 같이 위험성이 거의 없는 기술로, 별다른 규제 없이 자유롭게 사용이 가능합니다.

이 법은 AI 시스템의 개발자와 사용자에게 각 단계별로 명확한 의무를 부과하며, 규제를 위반하는 경우 매출의 최대 6% 또는 최대 3,000만 유로의 벌금이 부과됩니다. EU는 과도한 규제로 인해 AI 혁신이 저해되지 않도록, AI 스타트업과 중소기업(SME)을 지원하기 위한 테스트 샌드박스를 제공하고 윤리적 AI 개발을 장려하기 위한 재정적, 기술적 지원도 포함하고 있습니다.

AI Act는 2024년부터 단계적으로 적용될 예정이며, 글로벌 AI 규제의 새로운 표준으로 자리잡을 가능성이 높습니다. 이 법안은 인공지능 기술의 안전성과 윤리성을 보장하면서도, 혁신적인 발전을 촉진하는 균형 있는 접근법으로 평가받고 있습니다.

나. 미국의 법제화 동향

미국은 이와는 다른 접근 방식을 취하고 있습니다. 연방 정부 차원에서는 'AI 권리장전'을 발표하고 분야별 가이드라인을 제시하는 등 비교적 유연한 접근을 하고 있습니다. 대신 각 주별로 필요한 규제를 개별적으로 도입하고 있죠. 예컨대, 캘리포

니아주는 AI 관련 프라이버시 법안을, 뉴욕시는 AI 채용 도구 규제법을 도입했습니다. 바이든 행정부는 AI 안전 보장과 테스트 의무화, 프라이버시 보호 강화 등을 담은 행정명령을 발표하며 규제를 강화하는 움직임을 보이고 있습니다.

미국의 인공지능(AI) 법제화 동향은 유럽연합(EU)의 포괄적이고 엄격한 규제와는 달리, 상대적으로 느슨한 자율 규제와 민간 주도형 접근에 중점을 두고 있습니다. 미국은 AI 기술의 빠른 발전과 혁신을 촉진하면서 최소한의 규제를 통해 위험 요소를 관리하려는 법제화 철학을 가지고 있습니다.

미국은 연방의회 차원에서 포괄적인 AI 규제 법안이 없는 상태로, 대신 2023년 10월 30일, 바이든 행정부는 AI의 안전성과 투명성을 높이기 위해 '안전하고 신뢰할 수 있는 인공지능 개발 및 이용'에 관한 행정명령 14110호를 발표했습니다. 이 행정명령은 AI 기술의 급속한 발전에 대응하여 포괄적인 국가 전략을 수립하는 것을 목표로 하면서, 동시에 고위험 AI 모델에 대한 철저한 안전 테스트와 정기적인 정보 보고 체계 구축, 연방 기관이 AI를 사용할 때 시민에게 고지할 의무 등을 규정하고 있습니다.

행정명령의 주요 내용은 AI 시스템의 안전성과 보안을 강화하고, 혁신과 경쟁을 촉진하며, 노동자를 지원하고 시민권을 보호하는 것입니다. 또한, 연방 정부의 AI 사용을 개선하는 방안도 포함되어 있습니다.

안전 및 보안 강화를 위해 새로운 표준을 수립하고, 강력한 AI 시스템 개발자들에게 안전성 테스트 결과와 중요 정보를 정부와 공유하도록 요구합니다. 혁신과 경쟁 촉진을 위해 국가 AI

연구 리소스 파일럿 프로그램을 시작하고, 중소기업과 기업가들에게 기술 지원과 자원을 제공합니다.

노동자 지원 및 시민권 보호를 위해 AI가 노동 시장에 미치는 영향을 평가하고 대응 전략을 수립하며, AI 시스템이 불법적 차별을 야기하지 않도록 보장하는 지침을 마련합니다. 연방 정부의 AI 사용 개선을 위해 연방 기관들의 AI 사용에 대한 지침을 발행하고, AI 전문가 채용을 가속화하며 정부 직원들에게 AI 교육을 제공합니다.

이 행정명령에서 주요 기관들의 역할도 명시되었습니다. 국토안보부는 AI 안전 및 보안 자문 위원회를 설립하고, 상무부 국립표준기술연구소는 생성형 AI에 초점을 맞춘 리소스를 개발합니다. 국방부와 정보기관은 AI의 국가 안보 위협에 대응하기 위한 전략을 수립합니다. FDA(식품의약국)는 AI 기반 의료기기의 안전성을 평가합니다.

미국의 AI 법제화는 주로 민간이 자율적으로 AI 개발의 윤리적 기준을 마련하도록 장려하는 구조를 가지고 있습니다. OpenAI, Google, Microsoft와 같은 주요 기업은 자체적인 윤리 및 안전 기준을 마련해 AI를 개발하고 있으며, NIST(미국 국립표준기술연구소)는 비규제적 프레임워크를 통해 AI의 윤리와 공정성을 보장하려고 노력하고 있습니다.

이와 같은 미국의 법제화 동향은 유럽연합의 AI 규제 접근 방식과 근본적으로 차이가 있습니다. 유럽연합의 AI Act는 AI 시스템을 위험 수준에 따라 분류하고, 고위험 AI에 대해 엄격한 요건과 감독 체계를 부과하며, 인간의 안전과 권리를 침해할 가능성을 최소화하는 데 초점을 둡니다. 반면, 미국은 연방 차원의 포괄적 규제보다는 산업별, 주별 규제와 권고 수준의 가이드라인을 선호하며, 민간이 자율적으로 AI의 윤리적 개발을 주도할 수 있도록 합니다.

미국의 접근 방식은 규제가 느슨한 만큼 AI 기술의 혁신과 상업적 활용에 유리하며, 기업이 창의적으로 AI를 개발할 수 있는 장점이 있습니다. 그러나 규제 부족으로 인해 윤리적, 안전성 문제가 발생할 경우 명확한 책임 소재를 구분하기 어렵고, 소비자와 사회적 신뢰를 쌓는 데에 한계가 있을 수 있습니다.

한편 트럼프 대통령 당선자는 AI 관련 정책에 있어 규제 완화를 선호하는 입장을 보이고 있습니다. 그는 바이든 행정부의 AI 관련 행정명령을 폐지하겠다고 공약했으며, AI 개발에서 "표현의 자유"를 중시하겠다고 밝혔습니다. 또한, 중국과의 기술 경쟁에서 미국이 우위를 점하도록 하는 정책을 선호할 것으로 예상됩니다.

한편, 트럼프의 주요 동반자인 일론 머스크는 오히려 AI의 잠재적 위험성에 대해 우려를 표명하면서도 그 발전 가능성에 주목하고 있습니다. 그는 AI가 인류에 위험이 될 수 있다고 경고하면서, 동시에 Neuralink와 같은 프로젝트를 통해 인간과 AI의 공존을 모색하고 있습니다. 트럼프와 머스크 모두 AI 개발에 대해 규제를 완화하는 방향을 선호할 것으로 보이지만, 머스크의 경우 AI의 위험성에 대한 우려로 인해 일정 수준의 안전 규제는 유지될 가능성이 있습니다.

두 인물의 입장 차이는 AI의 발전 방향과 규제 수준에 대한 서로 다른 시각을 보여주며, 이는 향후 AI 정책 형성에 중요한 영향을 미칠 수 있을 것으로 예상됩니다.

다. 대한민국의 인공지능 법제화 동향

대한민국의 인공지능(AI) 관련 법제는 현재 발전 단계에 있으며, 직접적인 AI 규제 법률은 없지만 여러 관련 법안이 국회에서 논의 중입니다. 가장 주목받는 법안은 '인공지능산업 육성 및 신뢰 기반 조성 등에 관한 법률안(AI법)'으로, 이는 기존 AI 관련 법안들을 통합하여 AI 기술 발전과 산업 활성화를 지원하는 것을 목표로 합니다. AI법은 "선(先) 기술도입, 후(後) 규제" 원칙을 따르며, 고위험 AI 분야에 대한 구체적인 의무 사항을 제시하고 있습니다.

이 법안은 "인공지능 기술 발전과 산업 진흥을 위한 종합적 지원 체계 마련 및 안전하고 신뢰할 수 있는 인공지능 환경 조성을 목적"으로 하고 있습니다. 이 법안을 포함한 AI 관련 법안들이 여전히 국회에서 계류 중인 것으로 보입니다. 한덕수 국무총리가 "정부는 국회와 긴밀히 소통하여 AI법을 신속히 통과시키겠다."라고 언급한 바 있습니다.

현재 '신용정보의 이용 및 보호에 관한 법률'과 '개인정보보호법' 등 기존 법률에 AI 관련 조항이 포함되어 있으며, 저작권법 개정안도 AI 학습을 위한 저작물 이용 허용을 목표로 검토 중입니다. 그러나 AI 생성 저작물의 지식재산권 문제에 대해서는 아직 명확한 규정이나 법적 판례가 부족한 상황입니다.

2024년 3월부터 개정된 개인정보보호법의 자동화된 의사결정 관련 조항이 시행이며, 이는 AI 활용 산업에 상당한 영향을 미칠 것으로 예상됩니다. 정부는 2024년 AI법 도입과 함께 추가적인 산업별 가이드라인을 준비하고 있어, 앞으로 AI 규제 환경이 더욱 구체화될 전망입니다.

개인정보 보호법 제37조의2(자동화된 결정에 대한 정보주체의 권리 등)의 내용은 다음과 같습니다:

① 정보주체는 완전히 자동화된 시스템(인공지능 기술을 적용한 시스템을 포함한다)으로 개인정보를 처리하여 이루어지는 결정이 자신의 권리 또는 의무에 중대한 영향을 미치는 경우에는 해당 개인정보처리자에 대하여 해당 결정을 거부할 수 있는 권리를 가진다.

② 정보주체는 제1항에 따른 결정에 대하여 개인정보처리자에게 설명을 요구할 수 있다.

③ 개인정보처리자는 제1항에 따른 요구를 받은 날부터 10일 이내에 정보주체에게 그 거부 여부, 거부 시 그 사유 및 그에 대한 정보주체의 권리 구제 방법을 알려야 한다.

④ 개인정보처리자는 자동화된 결정의 기준과 절차를 정보주체가 쉽게 확인할 수 있도록 공개하여야 한다.

⑤ 제1항부터 제4항까지에서 규정한 사항 외에 자동화된 결정의 기준 · 절차의 공개 등에 필요한 사항은 대통령령으로 정한다.

이 조항은 2024년 3월 15일부터 시행되었으며, 자동화된 의사결정 시스템에 대한 정보주체의 권리를 보장하고 있습니다.

개인정보처리자는 이 법에 따라 자동화된 결정 시스템의 투명성을 확보하고 정보주체의 권리 요구에 적절히 대응해야 합니다. 자동화된 결정은 사람의 개입 없이 개인정보를 처리해 이루어지는 결정을 의미하며, 이는 정보주체의 권리나 의무에 중대한 영향을 미칠 수 있는 최종적인 결정을 포함합니다.

개정안에 따라 정보주체는 자동화된 결정에 대해 설명 요구권과 거부권을 가지게 되었습니다. 개인정보처리자는 자동화된 결정 과정에 대한 기준과 절차를 사전에 공개해야 하며, 정보주체가 설명을 요구할 경우 실제로 내려진 개별 결정에 대한 구체적인 설명을 제공해야 합니다. 이를 통해 개인정보 처리의 투명성을 높이고, 정보주체가 자신의 개인정보가 어떻게 활용되고 있는지 이해할 수 있도록 돕습니다.

이를 통해 인공지능 기술의 활용이 증가하는 시대에 개인정보 보호의 중요성을 재확인하는 계기가 될 것으로 기대됩니다.

'신용정보의 이용 및 보호에 관한 법률'에는 인공지능과 관련된 중요한 조항이 포함되어 있습니다. 특히 자동화된 의사결정에 대한 설명 요구권과 관련된 조항이 주목받고 있습니다. 해당 법률의 제36조의2(자동화평가 결과에 대한 설명 및 이의제기 등)는 다음과 같습니다:

"① 개인인 신용정보주체는 자동화평가를 하는 자에게 해당 신용정보주체에 대한 자동화평가 결과의 산출에 관여한 기본적인 정보(자동화평가에 이용된 평가기준을 포함한다)와 자동화평가의 결과 등을 설명하여 줄 것을 요구할 수 있다.

② 자동화평가를 하는 자는 제1항에 따른 설명을 요구받은 경우에는 해당 신용정보주체에게 그 설명을 하여야 한다. 다만, 그 설명을 하는 것이 해당 자동화평가를 하는 자의 영업비밀을 현저히 침해할 우려가 있는 경우 또는 평가 결과에 따른 업무의 수행에 중대한 지장을 초래할 우려가 있는 경우로서 대통령령으로 정하는 경우에는 그러하지 아니하다.

③ 제1항에 따른 설명 요구의 방법 및 절차와 제2항에 따른 설명의 방법 및 절차 등에 필요한 사항은 대통령령으로 정한다."

이 조항은 자동화된 의사결정 시스템이 개인의 신용평가 등에 사용될 때, 그 결과에 대해 정보 주체가 설명을 요구할 수 있는 권리를 보장하고 있습니다. 이는 알고리즘의 투명성과 설명 가능성을 높이고, 개인의 권리를 보호하는 데 중요한 역할을 합니다.

또한, 제2조(정의)의 제14호에서는 자동화평가에 대해 다음과 같이 정의하고 있습니다:

"14. "자동화평가"란 제15조제1항에 따른 신용정보회사등의 종사자가 평가 업무에 관여하지 아니하고 컴퓨터 등 정보처리장치로만 개인신용정보 및 그 밖의 정보를 처리하여 개인인 신용정보주체를 평가하는 행위를 말한다."

이러한 조항들은 인공지능 기술을 포함한 자동화된 의사결정 시스템의 사용이 증가함에 따라, 개인의 권리를 보호하고 시스템의 투명성을 확보하기 위한 법적 기반을 제공하고 있습니다.

저작권법 개정안에는 인공지능과 관련된 주요 조항이 포함되어 있습니다. 특히 제35조의 5 '정보 분석을 위한 복제·전송 등'은 컴퓨터를 이용한 자동화된 정보 분석에 필요한 경우, 저작권자의 이용허락 없이도 저작물을 이용할 수 있도록 하는 저작재산권 제한 조항입니다.

이 조항에 따르면, 컴퓨터를 이용한 자동화된 정보 분석을 위해 필요하다고 인정되는 범위 내에서 저작물을 이용할 수 있으며, 이는 저작물에 표현된 사상이나 감정을 향유하지 않는 경우에 한합니다. 이 규정은 학술연구 목적뿐만 아니라 상업적 목적의 경우에도 적용되지만, 해킹이나 불법 다운로드 등 불법적으로 저작물에 접근하는 경우에는 적용되지 않습니다.

이 조항은 인공지능의 학습 데이터로 저작물을 이용하는 경우에 적용될 수 있습니다. 그러나 생성형 AI가 학습한 저작물과 유사한 형태의 저작물을 생성할 경우, 이를 '저작물에 표현된 사상이나 감정을 향유하지 않는 경우'로 인정할 수 있을지에 대해서는 아직 명확하지 않아 향후 추가적인 논의와 해석이 필요합니다.

전반적으로 대한민국은 인공지능과 관련된 보편적인 법제화는 현재 진행중이고, AI 산업의 발전을 지원하면서도 잠재적 위험을 관리하기 위한 균형 잡힌 접근을 시도하는 흐름으로 보입니다.

AI생활,
매순간이 달라진다

김경진의 AI생활 레시피북

초판 1쇄 인쇄 2024년 12월 16일
초판 1쇄 발행 2025년 1월 17일

지은이 김경진   펴낸이 황윤억

편집 윤석빈 김순미 황인재   마케팅 김예연   디자인 알음알음

발행처 인문공간/(주)에이치링크

주소 서울 서초구 남부순환로333길 36, 4층(서초동, 해원빌딩)

전화 마케팅 02)6120-0258   편집 02)6120-0259   팩스 02) 6120-0257

ISBN 979-11-990614-0-8 03320

글 ⓒ 김경진, 2024